LE SAINT NOM DE JESUS

- *Jésus Le Nom au-dessus de tout nom* -

Guy-Noël AUBRY

© 2023, Guy-Noël AUBRY

Édition : BoD – Books on Demand, info@bod.fr

Impression : BoD – Books on Demand, In de Tarpen 42, Norderstedt (Allemagne)

Impression à la demande

ISBN : 978-2-3222-7434-5

Dépôt légal : Juillet 2023

« Que Ton Nom soit Sanctifié »
(Notre Père)

« **Notre secours est dans le Nom du Seigneur...** »
(Psaume 124,8)

Ouvrages du même auteur

- « Évangile de Jésus Christ Fils de Dieu selon saint Marc. » - Ed St Honoré.
  Tome 1 : Jésus en Galilée.
  Tome 2 : Jésus hors de Galilée.
  Tome 3 : Jésus à Jérusalem, La Passion, La Résurrection et L'Ascension.

- **« Les douze gloires de Marie : Marie Mère de Dieu, Vierge Immaculée, Reine du Ciel et de l'Église… »** - Ed St Honoré.

- **« Saint Joseph Intercesseur »** - Edition BOD.

- **« Sagesse du Guerrier de la Lumière »** – Edition BOD (Traduit aussi en espagnol : 'Sabiduria del guererro de la luz').

- **« Saint Joseph Image visible du Dieu invisible – Alors Tu es Roi ? »** Ed BOD.

- **« Jean le frère du Seigneur – L'homme qui a fait découvrir Jésus-Christ au monde. »** - Edition BOD.

- **« Je vous Salue saint Gabriel Archange - Neuvaine à L'Ange Gabriel. »** - Edition BOD.

- **« Neuvaine à saint Joseph Maître de La Maison de Dieu et Prince de tous ses biens. »** - Ed BOD

- « Priez pour Nous Sainte Mère de Dieu : Neuvaines préparatoires aux grandes fêtes mariales » - Ed BOD :
    Tome 1, de début décembre à fin mai
    Tome 2, de début juin à fin novembre

- « Les Noces de Cana – Le Troisième jour il y eut des Noces à Cana … Tel fut le commencement des signes. » - Ed BOD

- « Qui est saint Jean l'évangéliste ? » - Ed BOD.

- « Gabriel, L'Ange Merveilleux » - Ed BOD.

- « Le Sacré-Cœur de Jésus Source de Miséricorde et Rayonnement d'Amour » -Ed BOD.

Avant-propos

L'état alarmant du monde, le recul de plus en plus évident de la justice, même la plus élémentaire, de l'amour véritable, et de tout ce qui est sacré, nous ont conduits à chercher **un remède** rapide, simple et efficace contre tous ces mots réunis, et il nous est apparu qu'il n'y a rien d'aussi simple, d'aussi puissant et d'aussi efficace que *l'évocation fréquente* du saint nom de **Jésus**.

Le Nom de Jésus est **Lumière,** il éclaire l'âme et l'intelligence de celui qui le prononce avec amour et espérance. Il apporte la force de la vérité au milieu de la confusion, et la clarté de l'espoir au milieu des épreuves et des ténèbres. Le Nom de Jésus est **douceur, une huile répandue, un Baume,** qui guérit le cœur et fortifie l'âme. Le Nom de Jésus est nourriture qui donne la force de vaincre le mal et de persévérer dans le bien.

Ce Nom merveilleux donne donc : force, paix, joie, amour, courage, grâce et sainteté. C'est par ce Nom sacré élevé au-dessus de tout nom que les malades sont miraculeusement guéris et que les démons sont chassés.

Par ce petit livre, nous voulons faire prendre conscience de **la Puissance de Ce Nom Très Saint** et encourager tous les fidèles et toutes les âmes de bonne volonté à l'employer souvent. Chacune de leurs invocations fera reculer les forces du mal et fera progresser le bien, sur cette Terre.

Qu'il y a-t-il à faire pour mettre à profit le saint nom de Jésus ?
De même que pour nager il faut se jeter à l'eau, de même aussi, pour mettre à profit le saint nom de Jésus il suffit de se « jeter à l'eau spirituellement »

et prononcer le nom sacré « **Jésus** » avec le plus d'amour possible, comme quand nous étions enfant et prononcions *maman* ou encore plus tard lorsque nous étions amoureux et que nous disions le prénom de l'être aimé.

Et de même celui qui nage ou qui marche ne fait que répéter d'instant en instant les mêmes mouvements, il suffit encore, ayant prononcé une première fois Le Nom de « Jésus », de le répéter encore et encore amoureusement, tranquillement, sereinement : « Jésus » … - « Jésus » … « Jésus » … et attacher ce Nom à notre respiration. N'est-ce pas ainsi qu'on nage ou qu'on marche, en répétant en rythme encore et encore les mêmes mouvements ? Eh bien, c'est comme cela aussi que nous marcherons vers Dieu : « *Que la mémoire de Jésus s'unisse à ta respiration et tu connaîtras la valeur de l'hésychia.[1]* » (saint Isaac le Syrien).

Bien sûr, c'est ici le moyen le plus simple d'utiliser Ce Nom Très Saint de Jésus et nous exposerons dans ce livre des prières plus élaborées recourant au Nom Saint et Puissant de Jésus.

C'est de cette manière que nous remporterons des victoires contre le mal et pour le bien, car la prononciation du Saint Nom de Jésus ne peut pas rester sans effet que ce soit sur nous ou sur notre environnement.

Il nous faut, en effet, pleinement prendre conscience que nous sommes **des créateurs** à l'image du Père, du Fils et du Saint-Esprit. Aussi, cette invocation du Saint nom de Jésus est déjà non seulement une prière, mais une action, une prière agissante : **une prière-action**. Et cette action commence sur nous-mêmes : « **Quiconque invoquera Le Nom du Seigneur sera sauvé.** » (Joël 2,32). Et c'est particulièrement les jours où nous nous sentons le moins bien qu'il nous faut recourir au Saint Nom de Jésus : « **Invoque-moi au jour de la détresse, Je te délivrerai et tu me glorifieras.** » (Psaume 50,15). Saint Paul nous dit encore : « [8] La Parole est tout près de toi,

---

[1] "Hésychia" est un mot grec qui signifie "la Paix intérieure".
L'hésychasme est une pratique spirituelle mystique enracinée dans la tradition orthodoxe qui vise l'union permanente à Dieu par la répétition d'une courte prière. La plus courte de toutes les prières est le souffle ou Jésus.

elle est dans ta bouche et dans ton cœur. Cette Parole, c'est le message de la foi que nous proclamons. ⁹ En effet, si de ta bouche, tu affirmes que Jésus est Seigneur, si, dans ton cœur, tu crois que Dieu l'a ressuscité d'entre les morts, alors tu seras sauvé. ¹⁰ Car c'est avec le cœur que l'on croit pour devenir juste, c'est avec la bouche que l'on affirme sa foi pour parvenir au salut. » (Romains, 10).

Qu'avons-nous à faire, selon ces mots de l'apôtre ?
Faire une demande en reprenant l'essence de ces paroles, par exemple, en disant cette invocation avec une ferme conviction : « ***Jésus, Fils de Dieu, Ressuscité d'entre les morts, sois mon Seigneur et Sauveur.*** »
Selon La Parole de Dieu, l'invocation précédente favorisera notre salut, si nous la répétons avec foi.

Certes, certains trouveront cette méthode trop facile ou trop simple, mais que faut-il pour démarrer une voiture sinon une clef ou une carte constructeur ? Bien que les automobiles soient des systèmes de plus en plus complexes et sophistiqués, nous pouvons mettre en œuvre toute cette complexité simplement avec une clef et elle démarrera. **Le Nom Très Saint de Jésus est cette Clef Majeure** que Dieu nous a donnée pour mettre en œuvre les lois spirituelles.

Oui, cette méthode est simple ! *Mais les méthodes les plus simples ne sont-elles pas aussi les plus efficaces ? Et Dieu ne désire-t-Il pas nous sauver, tous ? Ne met-Il donc pas en conséquence à notre disposition les moyens simples et véritablement efficaces ?* Et si beaucoup ont la chance ou plus exactement la grâce et la providence de lire ces mots et la prière précédente, tous ne la feront malheureusement pas, aussi simple et efficace soit-elle.

La Parole de Dieu est Puissante et Vraie. C'est ceux qui auront persévéré jusqu'à la fin qui seront sauvés (cf. Mt 24,13).

Que Le Saint nom de Jésus soit glorifié. ²

---

² Nous verrons par la suite comment mettre à profit par d'autres manières Le Nom Sacré de Jésus.

Ô Seigneur, Notre Dieu, qu'il est grand Ton Nom par toute la Terre !

Jusqu'aux cieux, Ta Splendeur est chantée par la bouche des enfants, des tout-petits : rempart que Tu opposes à l'adversaire, où l'ennemi se brise en sa révolte.

À voir Ton ciel, ouvrage de Tes doigts, la Lune et les étoiles que Tu fixas, qu'est-ce que l'homme pour que Tu penses à lui, le fils d'un homme, que Tu en prennes souci ?

Tu l'as voulu un peu moindre qu'un dieu, le couronnant de gloire et d'honneur ; Tu l'établis sur les œuvres de Tes Mains, Tu mets toute chose à ses pieds : les troupeaux de bœufs et de brebis, et même les bêtes sauvages, les oiseaux du ciel et les poissons de la mer, tout ce qui va son chemin dans les eaux.

Ô Seigneur, Notre Dieu, qu'Il est Grand Ton Nom par toute la terre !

Psaume 8 –

Table des matières

Ouvrages du même auteur 7

Avant-propos 9

Introduction 16

Le nom de Jésus est-il un nom venu du Ciel ? 19

Jésus est-il Le nom de Dieu ? – Jésus et Moïse 21

Quelles différences y a-t-il entre : Jésus - Jésus-Christ - et Le Christ ? 24

Que signifie l'inscription " IHS " souvent rencontrée sur les Hosties ou dans les églises ? 28

Quelqu'un a-t-il déjà porté le nom de "Jésus" avant Jésus ? 29

Que se passe-t-il quand nous appelons Jésus ? 36

D'autres personnes portaient-elles le nom de Jésus du temps de Jésus ? ... 39

Le nom de Jésus de Nazareth était-il célèbre du temps de Jésus ? 40

Le nom de Jésus était-il inscrit sur La Croix ? 42

Comment nous sommes envoyés en mission 45

avec Le Saint Nom de Jésus 45

Comment saint Pierre a converti trois mille juifs le jour de la Pentecôte en invoquant Le nom de Jésus 46

Comment le premier miracle de saint Pierre fut accompli grâce au nom de Jésus 49

Comment saint Pierre prêcha au grand prêtre (et aux différentes familles sacerdotales) dans Le nom de Jésus 50

Comment les premières communautés chrétiennes priaient dans Le nom de Jésus 51

Comment les premiers apôtres ont souffert une fois dans la joie pour Le nom de Jésus 52

Comment saint Pierre a étendu le salut aux païens grâce au nom de Jésus 53

Saint Paul a-t-il prêché en utilisant Le nom Puissant de Jésus ? 55

Saint Paul a-t-il baptisé au nom du Seigneur Jésus ?..56

Comment saint Paul donnait-il ses conseils aux Églises ? 57

Comment prier Le Père Éternel ?...60

Le nom de Jésus est-il efficace contre les démons ?..63

Jésus la plus courte des prières..65

Quelques prières indulgenciées très courtes avec le nom de Jésus 65

Faut-il tout faire au Nom du Seigneur Jésus ?..71

« Si deux ou trois sont réunis en mon nom, Je suis là au milieu d'eux. » (Matthieu 18,20). Qu'est-ce que cela signifie concrètement ?...73

Tout le monde peut-il utiliser Le nom du Seigneur pour opérer des miracles ? .74

Le Saint Nom de Jésus nous prémunit-il de tout ?...77

Peut-on faire confiance à tous ceux qui invoquent Le nom de Jésus ? 81

Annexes..83

    Litanies du saint nom de Jésus 83

    Prières à mon ange Gardien 86

« Il n'y a pas sous le ciel d'autre nom donné aux hommes qui puisse nous sauver. »
(Actes 4,12).

Introduction

Le nom de **Jésus** vient du grec *Ièsous* qui est lui-même une translittération de l'hébreu *Yeshua*.³

Comme le nom de Jésus se prononce *Yeshoua* en araméen, c'est ainsi que la Très sainte Vierge Marie et saint Joseph⁴ appelaient leur fils, et de même pour tous les disciples.

Le nom de Jésus varie assez peu dans les différentes langues : Jésus – Iesous – Yeshua – Gesù - … mais c'est toujours exactement du même Jésus dont on parle. Et, quelle que soit la façon dont Ce Nom s'écrit ou se prononce, il a toujours la même signification : **Le Seigneur Sauve** ou encore **Dieu Sauve** ; et Il est toujours Sacré.

Dans l'Écriture sainte, le nom dit quelque chose du mystère de celui qui le porte. Son étymologie révèle son être profond et la vocation de celui qui le reçoit. Ainsi, Le Nom de Jésus exprime *son identité* : Il est *Le Seigneur*, et *sa mission* : Il est *Le Sauveur*.

---

³ Cette translittération ou transcription lettre à lettre est imparfaite, parce que ni le J ni le I n'existe en hébreux. En toute cohérence, le Y aurait dû être conservé ce qui donnerait par exemple : Yéshus.

⁴ Joseph n'est pas le géniteur de Jésus, cependant il est bien son père au sens de la loi et par La Volonté de La Trinité Éternelle. Ce titre de Père de Joseph vis-à-vis de Jésus-Christ se retrouve par exemple dans l'épisode de Jésus retrouvé dans le Temple, au bout de trois jours quand Il avait douze ans. Marie s'adressant à Son Fils lui dit : « Mon enfant, pourquoi nous as-tu fait cela ? Vois comme <u>ton père</u> et moi, nous avons souffert en te cherchant ! » (Luc 2,48). C'est bien le titre de <u>père</u> qui a été donné à saint Joseph.

Parce qu'Il est *Le Seigneur*, c'est à Lui que doit revenir la première place dans notre vie, l'honneur, la révérence, l'amour et la gloire. Et parce que Jésus est *Notre Sauveur*, nous devrions Lui être reconnaissants de cette vie éternelle qu'Il est venu nous offrir : « Moi, je suis venu pour que les brebis aient la vie, la vie en abondance. » (Jean 10,10).

C'est sous la protection et l'amour de ce nom Puissant que nous nous réunissons : « Là où deux ou trois sont réunis <u>en mon Nom</u>, je suis là au milieu d'eux. » (Mt 18,20).

C'est aussi sous la bannière de Ce Nom Glorieux que nous sommes envoyés en mission dans le monde : « 15 Il leur dit : « Allez dans le monde entier. 16 Proclamez l'Évangile à toute la création. Celui qui croira et sera baptisé sera sauvé ; celui qui refusera de croire sera condamné. 17 Voici les signes qui accompagneront ceux qui deviendront croyants : <u>en mon Nom</u>, ils expulseront les démons ; ils parleront en langues nouvelles ; 18 ils prendront des serpents dans leurs mains et, s'ils boivent un poison mortel, il ne leur fera pas de mal ; ils imposeront les mains aux malades, et les malades s'en trouveront bien. » (Marc, 16).

C'est par Le Nom Puissant de Jésus que les apôtres ont répandu l'évangile de par le monde et fait de nombreux disciples, qu'ils ont ouvert les yeux des aveugles, fait entendre les sourds, guéri les malades et chassé les démons.

C'est encore par ce Nom Puissant qu'ils ont fait toutes leurs demandes au Père pour qu'Il les exauce, comme Le Seigneur leur en avait donné l'ordre : « Amen, amen, je vous le dis : celui qui croit en moi fera les œuvres que je fais. Il en fera même de plus grandes, parce que je pars vers le Père, et tout ce que vous demanderez <u>en mon nom</u>, je le ferai, afin que le Père soit glorifié dans le Fils. <u>Quand</u> vous me demanderez quelque chose en mon nom, moi, je le ferai ». (Jean, 14).

C'est donc par Le Nom Puissant de Jésus que l'Église administre tous les sacrements, fait ses prières au Père et donne ses bénédictions. L'Église tout entière, reconnaissante de ces bienfaits, célèbre Le Saint nom de Jésus, pendant tout le mois de janvier et fête liturgiquement Ce nom Très Saint au jour de *La Circoncision* du Christ, le trois janvier.

Le Nom de Jésus est donc *extrêmement précieux*, puisqu'Il nous permet de nous défendre efficacement face à l'ennemi et même de le vaincre, et qu'Il nous obtient une multitude de grâces et de bénédictions.

Il y a donc un immense intérêt à savoir faire usage de ce Nom et de mieux le connaître. C'est le nom le plus précieux que Le Ciel nous ait donné : **« Il n'y a pas sous le ciel d'autre nom donné aux hommes, par lequel nous devions être sauvés. »** (Actes 4,12).

Le nom de Jésus est-il un nom venu du Ciel ?

Ce n'est pas La Très sainte Vierge Marie qui a décidé d'appeler ainsi son fils, ni saint Joseph son Père adoptif. Ce Nom leur fut apporté du Ciel par Le Très Glorieux Archange Gabriel,[5] un des sept Princes Angéliques qui se tiennent devant Dieu.[6] C'est donc L'Ange Gabriel qui le premier a prononcé sur la Terre Le Nom Admirable de Jésus, comme nous le lisons dans l'évangile de saint Luc : « [1,26] Le sixième mois, l'ange Gabriel fut envoyé par Dieu dans une ville de Galilée, appelée Nazareth, [27] à une jeune fille vierge, accordée en mariage à un homme de la maison de David, appelé Joseph ; et le nom de la jeune fille était Marie… L'ange lui dit alors : « Sois sans crainte, Marie, car tu as trouvé grâce auprès de Dieu. [31] Voici que tu vas concevoir et enfanter un fils ; <u>tu lui donneras le nom de Jésus.</u> »

Nous trouvons aussi un passage similaire dans l'évangile de saint Matthieu. Cette fois, l'Ange du Seigneur s'adresse à saint Joseph dans un songe et lui dit : « Joseph, fils de David, ne crains pas de prendre chez toi Marie, ton épouse, puisque l'enfant qui est engendré en elle vient de l'Esprit Saint ; elle enfantera un fils, et tu lui donneras le nom de Jésus - c'est-à-dire : Le Seigneur sauve -, car c'est lui qui sauvera son peuple de ses péchés. »

---

[5] Nous avons publié un livre dévoilant les multiples missions et les grandeurs insoupçonnées de l'Ange Gabriel : « **Gabriel, l'Ange Merveilleux.** » - Ed BOD. Nous invitons ceux qui désirent mieux connaître ce glorieux Archange Gabriel à lire ce livre contenant de nombreuses révélations sur l'Ange Gabriel, La Vierge Marie et Notre Seigneur. Une partie du livre est accessible sur internet.

[6] L'ange lui répondit : « Je suis Gabriel et je me tiens en présence de Dieu. J'ai été envoyé pour te parler et pour t'annoncer cette bonne nouvelle. (Luc 1,19).
« Et j'ai vu les sept anges qui se tiennent devant Dieu : il leur fut donné sept trompettes. » (Apocalypse 8,2).

En recevant l'un et l'autre Le Nom de Jésus, Marie et Joseph reçoivent une autorité commune sur Le Fils de Dieu Incarné. Comme toute autorité reçue de Dieu, celle-ci est ordonnée à un but, ici éduquer Dieu fait homme dans Son âme humaine.

Il en va de même pour nous qui recevons notre autorité de Dieu et agissons par ce nom Puissant de Jésus.

« Quand fut arrivé le huitième jour, celui de la circoncision, l'enfant reçut le nom de Jésus, le nom que l'ange lui avait donné avant sa conception ». (Luc 2 ,21).

Jésus est donc à la fois un nom reçu du Ciel, vis-à-vis des visites de L'Ange Gabriel à Marie et à Joseph, et Jésus est aussi un nom reçu de la Terre, car c'est saint Joseph et Marie qui donnèrent ce nom au prêtre le jour de Sa Circoncision.[7]

---

[7] Normalement c'était au Père de donner le nom, comme on peut le constater lors de La Circoncision de Jean Baptiste (cf. Luc 1).
Bien que Zacharie (le père de Jean Baptiste) soit muet, les uns et les autres lui tendent une tablette pour qu'il donne le nom à l'enfant, alors que sa mère, sainte Élisabeth, ne cesse de dire qu'il s'appelle Jean.
Cependant dans le cas de Jésus, il fallait que la double parole de L'Ange s'accomplisse et que ce soit Marie et Joseph qui donnent communément ce nom. Et c'est bien ainsi que les évènements se déroulèrent.
Pour plus de détails et d'information sur La Circoncision de Jésus, voir notre livre : **« Saint Joseph Image Visible du Dieu Invisible – alors Tu es Roi ? » Ed BOD.**

Jésus est-il Le nom de Dieu ? – Jésus et Moïse.

Dans l'Ancien Testament, Dieu était Invisible, puisque Dieu est Esprit. Quand le grand Moïse s'approcha du buisson Ardent, Dieu ne lui dévoila pas Son Nom. Il se présenta à Moïse en disant : « Je suis le Dieu de ton père, le Dieu d'Abraham, le Dieu d'Isaac, le Dieu de Jacob. » (Exode 3,6).

Quand le patriarche insista devant L'Éternel pour lui demander Son Nom, celui-ci lui dit : « **Je Suis celui qui Suis** ». (Exode 3,14a). Dieu est La Référence Ultime de toute chose. Il ne peut se définir par une référence autre que Lui-même. Il est L'Être par excellence. On peut comprendre cette réponse, comme équivalente à : « Je Suis l'Être Éternel, La Référence Ultime de toute chose ».

Et Dieu ajouta : « C'est ainsi que tu répondras aux enfants d'Israël : Celui qui s'appelle "Je Suis" m'a envoyé vers vous. » (Exode 3,14b).
Dieu dit encore à Moïse : « Tu parleras ainsi aux fils d'Israël : "Celui qui m'a envoyé vers vous, c'est Le Seigneur, le Dieu de vos pères, le Dieu d'Abraham, le Dieu d'Isaac, le Dieu de Jacob". **C'est là Mon Nom pour toujours**, c'est par lui que vous ferez mémoire de moi, d'âge en âge. » (Exode 3,15).
Ainsi, Dieu révéla Son Nom à Moïse. En rassemblant Ses deux déclarations, on peut dire que Le Nom de Dieu est : « **Je Suis Le Seigneur** » ou plus complètement : « **Je Suis Le Seigneur, Le Dieu de vos pères, Le Dieu d'Abraham, Le Dieu d'Isaac, Le Dieu de Jacob.** »
Ici sont donc manifestées La Seigneurie et La Transcendance de Dieu (Je Suis Le Seigneur). Dieu est Le Tout Autre, l'Inaccessible qui nous dépasse infiniment et qu'on ne peut décrire ni enfermer par des mots. Dieu révéla

donc Sa Seigneurie à Moïse et Il chargea le patriarche de transmettre cette Seigneurie au peuple hébreu.

Notre Seigneur et Sauveur Jésus fit une claire référence à l'épisode du Buisson Ardent et à Ce Nom Divin de « Je Suis », quand Il répondit à ses détracteurs : « Amen, Amen, je vous le dis, avant qu'Abraham fût, **Je Suis**. » (Jean 8,58).

Et quand Judas vint pour le livrer avec un détachement de soldats et de gardes envoyés par les grands prêtres et les pharisiens, Jésus, sachant tout ce qui allait lui arriver, s'avança et leur dit : " Qui cherchez-vous ? "

Ils lui répondirent : "Jésus le Nazaréen. "

Alors, Il leur dit : « **Je (le) Suis**. » (Jean 18,5).[8] Cette réponse de Jésus de Nazareth est un dévoilement de Sa Seigneurie et de Sa Divinité.

Cependant, Dieu ne montra pas Son Visage à Moïse ni à aucun des prophètes, parce que Jésus-Christ a déclaré : « Dieu, <u>personne</u> ne l'a jamais vu ; Le Fils unique, Lui qui est dans Le Sein du Père, est Celui qui nous l'a fait connaître. » (Jean 1,18). C'est Jésus qui a rendu visible ce qui était invisible : « Il est l'image du Dieu invisible » (Colossiens 1,15).

Avant Jésus-Christ, Le Visage de Dieu était inaccessible aux hommes, et c'est pourquoi il ne fallait pas faire de représentations de Dieu, puisqu'avant Jésus, personne ne L'avait jamais vu.

Le Nom de Dieu, lui aussi, tout comme Son Visage, était inaccessible aux hommes. Seul le grand prêtre pouvait prononcer un nom vocalisé du Tétragramme sacré, YHWH, soit : "Yahvé" ou "Yahwé". Mais, ce n'était qu'une interprétation de vocalisation, car Le Nom de Dieu était ineffable. Ainsi, il était interdit de prononcer Ce Nom, sauf pour le grand prêtre qui entrait dans le Saint des saints le jour du Grand Pardon (le Yom Kippour).

Dieu révéla aussi à Moïse en plus de Sa Seigneurie, Sa Paternité (Le Dieu de vos pères). Il y a ici un rapprochement de Dieu avec l'homme. Jésus par Son Incarnation va plus loin dans ce rapprochement entre Dieu et l'homme.

---

[8] Jean 18,5 est aussi traduit parfois par : « C'est Moi ».

Celui qui est Fils de Dieu de toute éternité, L'égal du Père (Jn 10,30), S'est fait *Fils de l'homme* et *frères des hommes,* comme l'a bien compris l'apôtre Paul : « Ceux que, d'avance, Dieu connaissait, il les a aussi destinés d'avance à être configurés à l'image de son Fils, pour que ce Fils soit le premier-né d'une multitude de frères. » (Romains 8,29).

Par l'union hypostatique de l'humain et du Divin en Sa Personne, Jésus-Christ a fait entrer l'humanité dans La Divinité et La Divinité dans l'humanité. Dieu est ainsi devenu homme pour que l'homme soit configuré à une image imitable et devienne Dieu (Jn 1,12-13).

Ainsi, si Moïse a révélé essentiellement La Transcendance et La Paternité de Dieu, Jésus-Christ quant à Lui nous révèle Sa Fraternité avec l'homme, Sa Proximité, l'Immanence de Dieu : « Le Royaume de Dieu est au milieu de vous. » Le Christ révèle donc en plus de La Seigneurie de Dieu et Sa Paternité, La fraternité qui nous unit à Lui, Jésus est L'Emmanuel : « Dieu avec nous ».

Par cette Incarnation Jésus est devenu Le Sauveur sans cesser d'être Le Seigneur, parce que Jésus n'a pas cessé d'être Dieu quand Il est devenu homme. Il est vraiment « Le Seigneur Sauve », c'est-à-dire : Jésus.

Ce qui était autrefois défendu du temps de Moïse et de la loi, comme prononcer Le Nom de Dieu, est maintenant permis et même encouragé, depuis que Le Fils de Dieu s'est Incarné : « La loi nous a été donnée par Moïse, la grâce et la vérité nous sont venues par Jésus-Christ. » (Jean 1,17).

Aussi est-il bon et profitable de prononcer souvent Ce Nom de Jésus devant qui tout est soumis : « ⁹ Dieu l'a souverainement élevé, et lui a donné le nom qui est au-dessus de tout nom, ¹⁰ afin qu'au nom de Jésus tout genou fléchisse dans les cieux, sur la terre et sous la terre, ¹¹ et que toute langue confesse que Jésus-Christ est Seigneur, à la gloire de Dieu le Père. » (Philippiens, 2).

En conséquence : **JE SUIS et JESUS** sont tous les deux le nom de Dieu.

Notre privilège est de pouvoir prononcer Le Nom Glorieux de Notre Seigneur et Sauveur et de marcher sous Sa Bannière. Alléluia !

Quelles différences y a-t-il entre : Jésus - Jésus-Christ - et Le Christ ?

Le début de l'évangile de saint Marc est très intéressant et très puissant. Cependant, cette puissance peut être cachée à celui qui n'a pas les clefs pour la décrypter. Cet évangile de saint Marc débute ainsi [9] : « Commencement de l'évangile de Jésus, Christ, Fils de Dieu. » (Marc 1,1)

Notez bien que des virgules ont été mises entre les mots *Jésus* et *Christ* et qu'il n'est pas écrit *Jésus-Christ* avec un trait d'union ni Le Christ ! Il existe donc a priori des différences entre les termes : Jésus – Jésus-Christ – Et Le Christ.

En distinguant : Jésus, du Christ, du Fils de Dieu, l'évangéliste saint Marc veut souligner trois dimensions essentielles de Notre Seigneur. Il est à la fois Vrai homme et Vrai Dieu, et Unique Médiateur entre Dieu et les hommes. Ainsi, dans cette introduction, Jésus, Christ, Fils de Dieu : **Jésus** c'est l'homme. **Le Christ**, c'est Le Messie, [10]Celui qui a reçu l'Onction. **Le Fils de Dieu** c'est Dieu dans toute Sa plénitude : « [9] En lui habite corporellement toute la plénitude de la divinité. [10] Vous avez tout pleinement en lui… » (Colossiens, 2).

---

[9] Nous avions fait un commentaire extrêmement complet de l'évangile de saint Marc en trois Tomes. Malheureusement l'éditeur qui commercialisait et diffusait ce livre a fait faillite et n'existe plus. Les livres avaient justement pour titres : **« Évangile de Jésus, Christ, Fils de Dieu ; Tome 1 : Jésus en Galilée ; Tome 2 : Jésus hors de la Galilée ; Tome 3 : La Passion – La Résurrection et l'Ascension.** Si vous avez la chance de trouver ce livre, ne laissez pas passer l'occasion.

[10] Christ et Messie sont deux termes équivalents qui signifient Oint ou Consacré par l'onction. Christ vient du latin Christus et Messie de l'hébreu Mashia'h. Les deux termes sont équivalents.

L'homme Jésus est né de La Vierge Marie, Il a été éduqué par saint Joseph et La Vierge Immaculée, et Il a grandi en taille et en grâce devant les hommes et devant Dieu (Luc 2,52). Puis Il est devenu un homme adulte et a commencé Son Ministère public (Luc 3,23).

L'homme Jésus est venu dans le temps à un moment donné et dans l'espace en un lieu précis. Il est né sur la terre d'Israël et a grandi dans une culture particulière, la culture juive sous domination romaine et est entré dans l'histoire des hommes à un moment donné. Il était un homme parmi les hommes, semblable en tout à nous, excepté le péché. Aussi, dans Son humanité Jésus était-Il saint et sans péché, immaculé.

Jésus (l'homme) est aussi Le Christ, c'est-à-dire Le Messie ou L'Oint de Dieu, Son Envoyé pour une mission très spéciale : « Tu es beau, comme aucun des enfants de l'homme, la grâce est répandue sur tes lèvres : oui, Dieu Te bénit pour toujours. Guerrier valeureux, porte l'épée de noblesse et d'honneur ! Ta gloire, c'est de courir au combat pour la justice, la bonté et la vérité. Ton trône est divin, un trône éternel ; Ton sceptre royal est sceptre de droiture : tu aimes la justice, tu réprouves le mal. Oui, Dieu, ton Dieu t'a consacré d'une onction de joie, comme aucun de tes semblables. (Psaume 45)

Et afin d'accomplir cette Mission unique de Rédempteur et de Sauveur, Jésus a reçu *une onction particulière*. C'est Jean (Baptiste) qui a été Le Ministre de cette Onction de Messie que Jésus a reçue dans Son Âme humaine au jour du baptême : « ¹³ Alors paraît Jésus. Il était venu de Galilée jusqu'au Jourdain auprès de Jean, pour être baptisé par lui. ¹⁴ Jean voulait l'en empêcher et disait : « *C'est moi qui ai besoin d'être baptisé par toi, et c'est toi qui viens à moi !* » ¹⁵ Mais Jésus lui répondit : « *Laisse faire pour le moment, car il convient que nous accomplissions ainsi toute justice.* » Alors Jean le laisse faire.

¹⁶ Dès que Jésus fut baptisé, il remonta de l'eau, et voici que les cieux s'ouvrirent : il vit l'Esprit de Dieu descendre comme une colombe et venir sur lui. ¹⁷ Et des cieux, une voix disait : « Celui-ci est mon Fils bien-aimé, en qui je trouve ma joie. » (Matthieu, 3).

Jean (Baptiste) ne voulait pas baptiser Notre Seigneur, car il connaissait La Nature Divine et La Sainteté de Celui qui se présentait à lui dans la file des pécheurs.

En effet, bien que Jésus soit un homme, Il est aussi Dieu. Ce que les hommes ordinaires ne voyaient pas, Jean qui était constamment dans l'état prophétique (c'est-à-dire constamment uni à La Divinité) le voyait clairement.[11] Car, Jésus n'a pas cessé de devenir Dieu quand Il est devenu homme. Saint Jean l'évangéliste traduit de manière sublime cette vérité théologique fondamentale dans son prologue : « **Et le Verbe s'est fait chair, il a habité parmi nous, et nous avons vu sa gloire, la gloire qu'il tient de son Père comme Fils unique, plein de grâce et de vérité.** » (Jean 1,14).

Comme dans le cas du prêtre, ce n'est pas Jean qui est à l'origine de l'onction de Messie que Jésus a reçue dans son Âme humaine, mais il en a été le coopérateur, le ministre. C'est donc au jour de Son Baptême dans le Jourdain par Jean que Jésus est devenu a proprement parlé Le Christ.[12]

---

[11] Les démons aussi savaient qui était Jésus, comme le prouvent de nombreux passages, comme par exemple celui-ci : « Que nous veux-tu, Jésus de Nazareth ? Es-tu venu pour nous perdre ? Je sais qui tu es : tu es le Saint de Dieu. » (Marc 1,24). Cet exemple nous prouve qu'il existe véritablement une réalité que les hommes charnels ne voient pas, mais que les spirituels voient, qu'ils soient dans le camp de la lumière et du bien, comme Jean (Baptiste) ou dans celui des ténèbres comme les démons. Ainsi Jean savait-il qui était devant lui.

Pour plus de détails sur Jean (Baptiste), nous renvoyons le lecteur au livre que nous avons précédemment écrit sur lui : « **Jean, le frère du Seigneur – L'homme qui a fait découvrir Jésus-Christ au monde.** » Ed -BOD.

[12] Ce point peut être soumis à controverse, puisque l'on peut dire aussi que depuis toute éternité Jésus dans Sa Divinité est L'Oint de Dieu, puisqu'en Dieu tout est récapitulé et qu'il n'existe ni présent, ni passé ni futur et que tout le temps et l'espace sont étalés devant Lui comme le serait une toile. Tout est présent en même temps dans Son Esprit.

Cependant dans ce livre que nous voulons simple nous n'allons pas entrer plus avant dans ces considérations et allons nous en tenir à l'Onction que Jésus reçoit à un moment donné de Sa Vie et qu'Il gardera fidèlement, sans jamais la perdre.

Notre Seigneur confirmera L'Onction qu'Il a reçue quand Il se rendra au début de Son Ministère dans sa patrie d'origine : « Il vint à Nazareth, où il avait été élevé. Selon son habitude, il entra dans la synagogue le jour du sabbat, et il se leva pour faire la lecture. 17 On lui remit le livre du prophète Isaïe. Il ouvrit le livre et trouva le passage où il est écrit : 18 **L'Esprit du Seigneur est sur Moi parce que le Seigneur M'a consacré par L'Onction. Il m'a envoyé porter la Bonne Nouvelle aux pauvres, annoncer aux captifs leur libération, et aux aveugles qu'ils retrouveront la vue, remettre en liberté les opprimés, 19 annoncer une année favorable accordée par Le Seigneur.** 20 Jésus referma le livre, le rendit au servant et S'assit. Tous, dans la synagogue, avaient les yeux fixés sur Lui. 21 Alors il se mit à leur dire : *Aujourd'hui s'accomplit ce passage de l'Écriture que vous venez d'entendre.* » (Luc, 4).

Jésus, l'homme, est donc aussi Le Christ ou Le Messie, L'Oint de Dieu. Il est aussi Dieu de toute éternité. Ainsi pour le chrétien, il n'y a pas de raison de distinguer Jésus, du Christ, du Fils de Dieu. Notre Seigneur est Jésus-Christ Fils de Dieu.

Précisons que Notre Seigneur Jésus n'est pas **Le Fils de Dieu** dans le sens habituel d'une filiation classique ou un père arrive nécessairement avant son fils, car Le Fils de Dieu existe depuis toujours : « Le Père et Moi nous Sommes Un. » (Jean 10,30). Ainsi Le Père Éternel n'a pas précédé Celui que nous appelons Fils de Dieu, parce que Le Fils est Éternel aussi (de même que Le Saint-Esprit). Les Trois « Personnes » de La Très Sainte Trinité bien qu'elles soient distinctes ne forment qu'Un Seul Dieu.

Si nous disons que Jésus est Le Fils de Dieu, c'est plutôt pour souligner Son abaissement et Son obéissance : « 5 Ayez en vous les dispositions qui sont dans le Christ Jésus : Le Christ Jésus, 6 ayant la condition de Dieu, ne retint pas jalousement le rang qui l'égalait à Dieu. 7 Mais **Il S'est anéanti, prenant la condition de serviteur, devenant semblable aux hommes. Reconnu homme à son aspect,** 8 **Il s'est abaissé, devenant obéissant jusqu'à la mort, et la mort de la croix.** » (Philippiens, 2).

L'obéissance à Dieu est *une clef indispensable* pour ouvrir La Porte du Paradis. C'est la raison pour laquelle, Jésus-Christ qui est Admirable en Sa Personne et en toutes Ses œuvres a voulu aussi Se faire Imitable. Il nous a donné l'exemple de l'obéissance au Père Éternel ; obéissance que nous devons avoir envers Le Père des Cieux en tant que fils et filles de Dieu.

Que signifie l'inscription " IHS " souvent rencontrée sur les Hosties ou dans les églises ?

Les lettres **IHS** que nous voyons souvent dans les églises et auxquelles sont associés les mots : *Jesus Hominum Salvator - Jésus Sauveur des hommes* sont en réalité **une abréviation du nom de Jésus** en grec - ΙΗΣΟΥΣ - **transcrite en latin**.

Ces lettres, IHS, viennent du fait que les chrétiens des premiers siècles avaient pour habitude de ne garder que les trois premières lettres du nom de Jésus (ΙΗΣΟΥΣ), soit : ΙΗΣ. Ils mettaient alors une barre horizontale au-dessus de ces trois lettres pour signifier qu'il s'agissait bien d'une abréviation. Lorsque celle-ci fut transcrite du grec en latin, la lettre sigma (Σ) devint S.

Ce n'est qu'après que des chrétiens ont associé à ce christogramme la phrase que nous connaissons maintenant : *Jésus Sauveur des hommes*. Par la suite, beaucoup ajoutèrent une barre verticale au milieu de la barre horizontale, ce qui fit apparaître une croix à la place de la seule barre horizontale.

Quelqu'un a-t-il déjà porté le nom de "Jésus" avant Jésus ?

Voici une question, elle aussi très intéressante. Sa réponse nous éclairera encore sur qui est Jésus.

Une recherche dans la Sainte-Écriture montre que Jésus n'est pas le premier à avoir porté ce nom. Le premier à avoir reçu le même nom que Notre Seigneur et Sauveur Jésus-Christ est Josué, le successeur de Moïse, celui qui a fait entrer le peuple élu dans la Terre promise.

En effet, Josué (ou Joshua tel que ce prénom est écrit dans la vulgate[13]) est issu de l'Hébreu Yehoshu'a. Ce prénom de Josué a exactement la même signification que Jésus, c'est-à-dire : Le Seigneur sauve.

Ainsi le premier à avoir porté le nom de Jésus est le successeur de Moïse. Or, Moïse n'est pas entré dans la terre Promise mais a conduit le peuple à ses portes. C'est Josué qui était son bras droit qui a établi le peuple dans la terre promise. Du point de vue spirituel, ceci nous évoque que la loi de Moïse ne peut conduire à la vie éternelle, manifestée par l'entrée dans la Terre promise, c'est pourquoi Moïse, image de la loi, n'a pas pu pénétrer dans cette Terre promise, mais il l'a vue de loin, sur le mont Nébo.

Par contre Josué, figure du Christ, a pu y entrer et établir le peuple élu. Saint Paul traduit ces réalités concernant les pouvoirs respectifs de la loi et de la grâce données par Jésus-Christ par ces mots : « [1] Pour ceux qui sont dans le Christ Jésus, il n'y a plus de condamnation. [2] Car la loi de l'Esprit qui donne la vie dans le Christ Jésus t'a libéré de la loi du péché et de la mort. [3] En effet, quand Dieu a envoyé son propre Fils dans une condition charnelle semblable à celle des pécheurs pour vaincre le péché, il a fait ce

---

[13] La Vulgate est la traduction latine de la bible initialement écrite en grec.

que la loi de Moïse ne pouvait pas faire à cause de la faiblesse humaine : il a condamné le péché dans l'homme charnel. » (Romains, 8).

Oui : « La Loi fut donnée par Moïse, la grâce et la vérité sont venues par Jésus Christ. » (Jean 1,17). Nous pouvons dire souvent : « *Jésus accorde-moi Ta Grâce* » ou encore : « *Jésus soutiens-moi de Ta Grâce* ».

Ce qui est frappant aussi dans les ressemblances entre Josué et Jésus, c'est que Josué avant de devenir le Chef incontesté du peuple élu entrant en Terre promise était *le serviteur* de Moïse. Jésus donc a pris le nom d'un *serviteur*. Et ce n'est qu'après de longues années de service que Josué est devenu un Chef, Le Chef incontesté du peuple élu, par La Volonté de Dieu.

Quand nous prononçons Le Nom de Jésus, il faut aussi se rappeler cette vérité : **Notre Seigneur et Sauveur a voulu prendre le nom d'un** *serviteur*. Lui qui est Le Maître et Le Seigneur s'est fait Le Serviteur. Il a enseigné cette profonde vérité du service à ses apôtres : « [42] Vous le savez : ceux que l'on regarde comme chefs des nations les commandent en maîtres ; les grands leur font sentir leur pouvoir. [43] Parmi vous, il ne doit pas en être ainsi. Celui qui veut devenir grand parmi vous sera votre serviteur. [44] Celui qui veut être parmi vous le premier sera l'esclave de tous : [45] car le Fils de l'homme n'est pas venu pour être servi, mais pour servir, et donner sa vie en rançon pour la multitude. » (Marc, 10).

Le service est une expression de l'amour, car l'amour ne se prouve pas par de belles paroles uniquement, mais par des actes concrets : « Petits enfants, n'aimons pas en paroles ni par des discours, mais par des actes et en vérité. » (1 Jean 3,18).

Le service concret sera même Le Critère de notre jugement éternel : « Quand le Fils de l'homme viendra dans sa gloire, et tous les anges avec lui, alors il siégera sur son trône de gloire. [32] Toutes les nations seront rassemblées devant lui ; il séparera les hommes les uns des autres, comme le berger sépare les brebis des boucs :[33] il placera les brebis à sa droite, et les boucs à gauche. [34] Alors le Roi dira à ceux qui seront à sa droite : "Venez, les bénis de mon Père, recevez en héritage le Royaume préparé pour vous depuis la fondation du monde. [35] Car j'avais faim, et vous m'avez donné à manger ; j'avais soif, et vous m'avez donné à boire ; j'étais un étranger, et vous m'avez accueilli ; ³⁶ j'étais nu, et vous m'avez habillé ; j'étais malade, et vous m'avez visité ; j'étais en prison, et vous êtes venus jusqu'à moi ! " » (Matthieu, 25).

Notre Seigneur a Lui-même montré l'exemple de l'amour manifesté par le service le soir de La Sainte Cène en lavant les pieds de ses disciples : « Avant la fête de la Pâque, sachant que l'heure était venue pour Lui de passer de ce monde à Son Père, Jésus, ayant aimé les siens qui étaient dans le monde, les aima jusqu'au bout. ³ Jésus, sachant que Le Père a tout remis entre Ses mains, qu'Il est sorti de Dieu et qu'Il s'en va vers Dieu, ⁴ Se lève de table, dépose Son vêtement, et prend un linge qu'Il Se noue à la ceinture ; ⁵ puis Il verse de l'eau dans un bassin. Alors Il se mit à laver les pieds des disciples et à les essuyer avec le linge qu'Il avait à la ceinture. » (Jean, 13).

Toutefois, le plus grand signe d'Amour que Notre Seigneur nous donna fut de prendre notre place sur La Croix, comme l'annonçait Isaïe dans sa prophétie du *serviteur souffrant* : « Méprisé, abandonné des hommes, homme de douleurs, familier de la souffrance, il était pareil à celui devant qui on se voile la face ; et nous l'avons méprisé, compté pour rien. ⁴ En fait, c'étaient nos souffrances qu'il portait, nos douleurs dont il était chargé. Et nous, nous pensions qu'il était frappé, meurtri par Dieu, humilié. ⁵ Or, c'est à cause de nos révoltes qu'il a été transpercé, à cause de nos fautes qu'il a été broyé. Le châtiment qui nous donne la paix a pesé sur lui : par ses blessures, nous sommes guéris. » (Isaïe, 53).

Quand nous prononçons Le Nom Sacré de Jésus, souvenons-nous que Celui que nous appelons a pris notre place sur La Croix. Le Verbe de Dieu Celui qui est Le Seigneur et Le Maître et qui nous a enseigné par La Parole, nous a aussi enseigné par l'exemple. Il s'est fait Chair pour devenir Notre Sauveur.

Et comment nous a -t-il sauvés ?

En s'abaissant, en devenant Le Serviteur : « Il est L'Agneau et Le Pasteur, Il est Le Roi, Le Serviteur »

C'est ce chemin que Josué a pris d'une certaine manière en étant au service ; au service de Moïse et de la Loi, au service de ses frères, ce qui lui a permis par la suite de devenir le chef incontesté du peuple juif et d'établir le peuple élu dans la Terre promise. Josué était une figure du Christ. Et ce que Josué a fait du point de vue physique : guider, prendre soin et établir dans la terre promise… Jésus l'a fait du point de vue spirituel.

En prononçant Le Nom de Jésus, rappelons-nous que nous prononçons Le Nom d'un Guide sûr. Jésus en accomplissant la loi à sa perfection nous ouvre les portes de la vie éternelle qu'Il était venu nous donner (cf. Jean 10,10).

Nous pouvons prier ainsi : « *Seigneur Jésus Tu es venu pour nous donner la vie et la vie en abondance (Jn 10,10), accorde à ton fils (à ta fille) qui veut te servir toutes les bénédictions matérielles, intellectuelles et spirituelles que tu as prévues pour lui / elle dans Ton Immense Bonté.* »

Ce qu'a fait Josué et ce que lui dit Le Seigneur nous renseignent encore sur Jésus. Ainsi, nous apprenons que : « ¹ Après la mort de Moïse… Le Seigneur parla à Josué, fils de Noun, auxiliaire de Moïse, et lui dit : ² "Moïse, mon serviteur, est mort ; maintenant, lève-toi, passe le Jourdain que voici, toi avec tout ce peuple, vers le pays que je donne aux fils d'Israël… ⁵ Personne ne pourra te résister tout au long de ta vie. J'étais avec Moïse, je serai avec toi ; je ne te délaisserai pas, je ne t'abandonnerai pas. ⁶ Sois fort et courageux, c'est toi qui donneras en héritage à ce peuple le pays que j'avais juré de donner à leurs pères. ⁷ Quant à toi, sois fort et très courageux, en veillant à agir selon toute la Loi prescrite par Moïse, mon serviteur. Ne t'en écarte ni à droite ni à gauche, pour réussir partout où tu iras. " ». (Livre de Josué, 1).

De même que Josué fut fort et vaillant, souvenons-nous lorsque nous prononçons Le Nom de Jésus que nous prononçons aussi Le Nom du Fort, du Vaillant, qui ferma la bouche à tous ses contradicteurs (cf. Mc 12,34) et que ce n'est que par Sa Volonté unie à celle du Père qu'Il se livra : « ¹⁷ Le Père m'aime : parce que je donne ma vie, pour la recevoir de nouveau. »

¹⁸ Nul ne peut me la ravir : je la donne de moi-même. J'ai le pouvoir de la donner, j'ai aussi le pouvoir de la recevoir de nouveau : voilà le commandement que j'ai reçu de mon Père. » (Jean, 10).

Souvenons-nous aussi que Celui qui se livra comme un Agneau est aussi Le Lion de la Tribu de Juda (Ap 5,5) devant qui une légion entière de démons tremble misérablement. L'épisode du possédé de Gérasa le montre clairement.[14]

Nous pouvons prier ainsi : « *Seigneur Jésus, Tu es Le Lion de la Tribu de Juda, à Toi rien n'est impossible (Lc 1,37) et il est écrit dans Ta parole : « déchargez-vous sur lui de tous vos soucis, car lui-même prend soin de vous » (1 Pierre 5,7) ; viens donc à mon aide Seigneur et réduis à rien tous ces problèmes qui me posent du souci* [les énoncer] ».

Un autre épisode de la vie de Josué nous éclaire sur Notre Seigneur Jésus. Ainsi, un des grands épisodes de la traversée du désert par les Hébreux est le combat que mena Josué, et ses hommes choisis, contre les Amalécites : « ⁸ Les Amalécites survinrent et attaquèrent Israël à Rephidim. ⁹ Moïse dit alors à Josué : " Choisis des hommes, et va combattre les Amalécites. Moi, demain, je me tiendrai sur le sommet de la colline, le bâton de Dieu à la main. " ¹⁰ Josué fit ce que Moïse avait dit : il mena le combat contre les Amalécites. Moïse, Aaron et Hour étaient montés au sommet de la colline. ¹¹ Quand Moïse tenait la main levée, Israël était le plus fort. Quand il la laissait retomber, Amalec était le plus fort. ¹² Mais les mains de Moïse s'alourdissaient ; on prit une pierre, on la plaça derrière lui, et il s'assit dessus. Aaron et Hour lui soutenaient les mains, l'un d'un côté, l'autre de l'autre. Ainsi les mains de Moïse restèrent fermes jusqu'au coucher du soleil. ¹³ Et Josué triompha des Amalécites au fil de l'épée. » (Exode, 17).

---

[14] Voir Marc 5,1-20, en particulier : « ¹² Alors, les esprits impurs supplièrent Jésus : « Envoie-nous vers ces porcs, et nous entrerons en eux. » ¹³ Et Il le leur permit... »

Une interprétation mystique de ce passage est que **Jésus est Le Nouveau Josué**. Tout comme Josué, Jésus-Christ a choisi Lui aussi Ses disciples, ceux qui combattraient avec Lui les ennemis de nos âmes : Satan et sa cohorte de démons, représentés par Amalec et ses hommes.

Moïse et les deux hommes qui l'entourent là-haut sur la montagne sont la figure de La Très-Sainte-Trinité veillant sur Le Fils de Dieu et ses disciples (disciples dont nous faisons partie). Le bâton que Moïse lève et qui assure la victoire en demeurant dressé est la figure de La Croix dressée sur le monde. C'est par cette Croix dressée sur le monde que Jésus a vaincu le monde, c'est-à-dire le mal. **C'est donc par La Croix du Christ et la prédication de La Croix que l'Église vaincra les ténèbres.**

Souvenons-nous quand nous prononçons Le Nom de Jésus-Christ que nous prononçons Le Nom d'un Crucifié par amour.

Nous pouvons le prier pour augmenter en nous notre capacité à aimer : « *Seigneur Jésus, Tu es venu d'auprès du Père pour nous manifester Son Amour (Jn 3,16), apprends-nous à aimer comme Toi Tu aimes. Voici la grâce sans mesure que je Te demande.* »

Cette Croix qui guérit et qui sauve était figurée par le serpent d'Airain dressé dans le camp des juifs. Ceux qui avaient été mordus par les serpents venimeux devaient regarder le Serpent d'Airain pour être sauvés (cf. Nombres 21, 8).[15] Jésus avait fait cette importante révélation à Nicodème en lien avec cet épisode de l'exode : « [14] De même que le serpent de bronze fut élevé par Moïse dans le désert, ainsi faut-il que le Fils de l'homme soit élevé, [15] afin qu'en lui tout homme qui croit ait la vie éternelle. [16] Car Dieu a tellement aimé le monde qu'il a donné Son Fils unique, afin que quiconque croit en lui ne se perde pas, mais obtienne la vie éternelle. [17] Car **Dieu a envoyé Son Fils dans le monde, non pas pour juger le monde, mais pour que, par Lui, le monde soit sauvé.** [18] **Celui qui croit en Lui échappe au**

---

[15] « Le Seigneur dit à Moïse : « Fais-toi un serpent brûlant, et dresse-le au sommet d'un mât : tous ceux qui auront été mordus, qu'ils le regardent, alors ils vivront ! »

Jugement ; celui qui ne croit pas est déjà jugé, du fait qu'il n'a pas cru au nom du Fils unique de Dieu. »

Ainsi, quand nous prononçons Le Nom de Jésus, souvenons-nous qu'Il n'est pas venu pour juger le monde, mais pour le sauver. Imaginons-Le sur le lieu de Notre Salut : La Croix. Jésus dont nous prononçons Le Nom est *Le Crucifié d'Amour*.

<u>Prions</u> : « *Seigneur Jésus, Tu as dit que Tu n'es pas venu pour juger le monde, mais pour le sauver. Seigneur je connais mes péchés et mes faiblesses, ne sois pas mon juge, mais mon Sauveur, donne-moi force et courage pour accomplir le bien, comme Tu le désires pour moi.* »

Rappelons-nous encore qu'il existe une guerre entre les ténèbres et la lumière et que Jésus qui est sur La Croix est aussi Celui qui est sorti Vivant du Tombeau éclatant de Lumière. Il est Le Ressuscité : « La lumière est venue dans le monde. » (Jean 3,19). Cette Lumière qu'est Dieu n'est pas seulement venue dans le monde à *L'Incarnation*, mais à *La Résurrection* aussi.

Ainsi, quand nous prononçons Le Nom Très Saint de Jésus, souvenons-nous que Le Christ n'est pas seulement un homme à nul autre pareil par Sa Sagesse, Sa Bonté, Sa Pureté, Sa Sainteté et la multitude de miracles qu'Il a accompli. Il n'est pas seulement Le fils de l'homme, Il est Le Chef,[16] Il est La Lumière.[17]

<u>Prions</u> : « *Seigneur Jésus, Tu es La Lumière du monde et celui qui Te suis ne marche pas dans les ténèbres, accorde-moi la lumière de la vie, la lumière de la joie et du discernement.* »

---

[16] En particulier Le Chef des Anges (Hébreux 1,1-14 – Matthieu 25,31) et Le Chef de L'Église (Colossiens 1,18 – Éphésiens 5,22-24. Tout lui est soumis (1 Corinthiens 15,27-28).

[17] « Dieu est Lumière. » (1 Jean 1,5). Et, Jean 8,12 : « Moi Je Suis La Lumière du monde. Celui qui me suit ne marchera pas dans les ténèbres, il aura la lumière de la vie. »

Que se passe-t-il quand nous appelons Jésus ?

En relisant à la lumière du Christ certains évènements de la vie de Josué, nous avons mis en évidence plusieurs vérités importantes sur Jésus-Christ : Il est Grâce et Vérité, expression de L'Amour du Père pour nous, Lumière…

Il y a encore un autre personnage important qui a lui aussi porté le nom de Jésus : Yéshoua (Jésus) Ben Sira, l'auteur du livre de Sagesse : Le Siracide ou le livre de Ben Sira le sage. Le livre commence ainsi : « ^{1}Toute sagesse vient du Seigneur, et demeure auprès de lui pour toujours… ^{8} Il n'y a qu'un seul être sage et très redoutable, celui qui siège sur son trône. C'est le Seigneur, …^{10} ceux qui aiment Dieu en ont été comblés. L'amour du Seigneur est une éminente sagesse ; Dieu en accorde une part à ceux dont il veut se laisser voir. » (Siracide, 1).

Appeler Jésus, c'est appeler à soi La Sagesse. Cette Sagesse était auprès de Dieu dès avant la fondation du monde, comme le dit poétiquement le livre des Proverbes : « ^{22} Le Seigneur m'a faite pour Lui, principe de Son Action, première de Ses œuvres, depuis toujours. ^{23} Avant les siècles J'ai été formée, dès le commencement, avant l'apparition de la terre. ^{24} Quand les abîmes n'existaient pas encore, Je fus enfantée, quand n'étaient pas les sources jaillissantes.^{25} Avant que les montagnes ne soient fixées, avant les collines, Je fus enfantée… » (Proverbes, 8).

Nous pouvons prier ainsi : « *Un seul est vraiment Sage, c'est Toi Seigneur Jésus. Accorde-moi la sagesse, le discernement, et plus que tout : l'amour envers Toi qui me rendent digne de ces dons merveilleux.* »

Jésus est donc Sagesse. **Jésus est aussi : Sanctification, Rédemption, et Justice de Dieu** : « ^{26} Frères, vous qui avez été appelés par Dieu… ^{30} vous êtes dans le Christ Jésus, lui qui est devenu pour nous sagesse venant de Dieu, justice, sanctification, rédemption. » (1 Corinthiens, 1).

Quand nous appelons Jésus, Il vient. Il vient avec tout ce qu'Il est, tous Ses Attributs de Sagesse, de Justice, de Sanctification, de Rédemption… C'est pourquoi nous devons L'appeler auprès de nous ou Lui demander de nous prendre auprès de Lui spirituellement : « *Viens Seigneur Jésus. Viens auprès de moi et en moi pour me rendre juste et me sanctifier. Envoie-moi Ton Esprit de Justice et d'Amour.* »

La Justice est ce que nous devons aimer[18] et rechercher spécialement avec La Présence de Jésus : « **Recherchez <u>d'abord</u> le royaume de Dieu et sa justice, et tout le reste vous sera donné par surcroît.** » (Matthieu, 33).

Saint Paul nous avertit que les injustes n'hériteront pas du Royaume des Cieux : « [9] Ne savez-vous pas que les injustes n'hériteront pas du Royaume de Dieu ? Ne vous y trompez pas ! Ni impudiques, ni idolâtres, ni adultères, ni dépravés, ni gens de mœurs infâmes, [10] ni voleurs, ni cupides, pas plus qu'ivrognes, insulteurs ou rapaces, n'hériteront du Royaume de Dieu.

[11] Et cela, vous l'étiez bien, quelques-uns. Mais vous vous êtes lavés, mais vous avez été sanctifiés, mais vous avez été justifiés par le nom du Seigneur Jésus Christ et par l'Esprit de notre Dieu (1 Corinthiens, 6). Le Nom de Jésus est donc notre justification.

<u>Prions</u> : « *Seigneur Jésus, Toi qui nous invites à rechercher premièrement le royaume des cieux et sa justice, accorde-moi la grâce de prier sans cesse (1 Th 5,17), c'est-à-dire d'être toujours en union avec Toi, alors s'accomplira la justice.* »

Jésus est aussi Notre Paix : « [14] C'est Lui, Le Christ, qui est notre Paix : des deux, le Juif et le païen, Il a fait une seule réalité ; par Sa Chair Crucifiée, Il a détruit ce qui les séparait, le mur de la haine ; [15] Il a supprimé les prescriptions juridiques de la loi de Moïse. Ainsi, à partir des deux, le Juif et le païen, Il a voulu créer en Lui un seul Homme nouveau en faisant la

---

[18] « [1] Aimez la justice, vous qui êtes les juges de la terre ; que vos pensées sur Le Seigneur soient selon la droiture, et cherchez-Le d'un cœur sincère ; [2] car Il se laisse trouver par ceux qui ne Le tentent point, et Il se manifeste à ceux qui se confient à Lui. » (Sagesse de Salomon, 1).

paix, ¹⁶ et réconcilier avec Dieu les uns et les autres en un seul Corps par le moyen de La Croix ; en Sa personne, Il a tué la haine. » (Éphésiens, 2).

Appeler Jésus, c'est donc appeler La Paix à nous ; cette paix dont le monde et nous-mêmes avons tant besoin pour voir clair et apprécier ce que nous avons et ce que nous sommes.

<u>Prions</u> : « *Seigneur Jésus-Christ, Tu es Notre Paix, Notre Paix intérieure et extérieure. Mets un terme à mes doutes, mes hésitations, mes fractures intérieures, et rétablis autour de moi la paix et l'harmonie, que nous puissions vivre dans la paix, la joie et l'amour.* »

Jésus est aussi Puissance et Sagesse pour ceux que Dieu appelle : « ²⁴ Pour ceux que Dieu appelle qu'ils soient Juifs ou Grecs, ce Messie, ce Christ, est puissance de Dieu et sagesse de Dieu. ²⁵ Car ce qui est folie de Dieu est plus sage que les hommes, et ce qui est faiblesse de Dieu est plus fort que les hommes. » (1 Corinthiens, 1).

Appeler Jésus, c'est appeler La Puissance Infinie de Dieu et Sa Sagesse ; et les deux sont nécessaires, car à quoi bon la puissance si on ne sait pas quoi en faire, parce qu'on n'a pas le discernement : « Sans la connaissance, le zèle même n'est pas bon. » (Proverbes 19,2). Et inversement, à quoi bon le discernement si on n'a pas la force d'accomplir ce qu'on doit faire.

<u>Prions</u> : « *Seigneur en Toi est La Force, en Toi est La Sagesse, La Connaissance et Le Zèle, c'est toi qui donnes la croissance et l'être, accorde-moi un peu de Toi-même, ainsi je posséderai tout ce qui est bon, car toute grâce et tout don parfait viennent de Toi (Jacques 1,17)* ».

Jésus est encore : « Le Fils de l'homme. » (Mt 9,6) - « Le Bon Berger. » (Jean 10) – Le Juste (Ac 3,14) - « Le Chemin, La Vérité et La Vie. » (Jean 14,6) – « Le Dieu Fort, Le Père à jamais, Le Prince de La Paix » (Isaïe 9,5) - « La Pierre Angulaire. » (Mt 21,42) - « Le Rocher Spirituel » (1 Co 10,4) - « Le Pain Vivant descendu du Ciel » (Jean 6,51) « La Résurrection et la Vie (Jean 11,25-26). « Le Dieu à qui tout est possible » (Luc 1,37). Jésus-Christ possède et Incarne encore bien d'autres attributs. De sorte que prononcer Le Saint Nom de Jésus, c'est appeler à nous : Le Bon Berger, Le Fils de l'homme, Le Juste

… Notre Seigneur Jésus-Christ vient alors à nous avec Tous Ses Attributs, Toutes Ses Vertus et Toutes Ses qualités. Ainsi, quand nous appelons Jésus, nous appelons aussi : La Paix, La Sagesse, La Puissance, La Joie, La Vigueur, La Vérité… L'Amour personnifié.

Que toutes ses vertus et ses qualités nous soient données par Ce Très Saint Nom de Jésus.

Viens Seigneur Jésus, Toi Le Seul Chemin vers Le Père.

D'autres personnes portaient-elles le nom de Jésus du temps de Jésus ?

Il y avait plusieurs Jésus quand Notre Seigneur Bien-Aimé était encore sur la Terre corporellement. La lettre de saint Paul qui suit cite un autre homme nommé Jésus : « [10] Aristarque, mon compagnon de captivité, vous salue, ainsi que Marc, le cousin de Barnabé, au sujet duquel vous avez reçu des instructions : s'il vient chez vous, faites-lui bon accueil. [11] Jésus surnommé Justus vous salue également. De ceux qui nous sont venus de la Circoncision, ce sont les seuls qui travaillent avec moi pour le Royaume de Dieu ; ils m'ont été une consolation. » (Colossiens, 4).

Il y avait donc plusieurs personnes portant le nom de Jésus, ce qui fait que ce nom n'était pas unique. Cette information ne devrait pas nous choquer pour Celui qui étant Dieu a voulu se faire homme parmi les hommes. Cette pluralité de Jésus explique pourquoi Notre Sauveur était souvent appelé : "Jésus Le Nazaréen" ou "Jésus de Nazareth" ou encore "Jésus le fils de Joseph" (Jean 1,45 et 6,42 ; Luc 4,22) ou "Jésus, le fils de Marie" (Marc 6,3 et Matthieu 13,55). Ces différentes appellations sous-tendent bien qu'il existait plusieurs Jésus.

Cependant aucun homme n'est comparable à Notre Bien-Aimé Seigneur, et quand Il posa la question à ses disciples : « [27] Au dire des gens, qui suis-je ? ²⁸ Ils lui répondirent : « Jean le Baptiste ; pour d'autres, Élie ; pour d'autres, un des prophètes. » (Marc, 8).

Personne donc ne prenait Jésus de Nazareth pour un homme ordinaire. Pour les uns c'était Jean le Baptiste réincarné (curieuse idée !!) pour d'autres Élie revenu sur la Terre (mais Notre Seigneur n'en avait ni la rudesse ni l'intransigeance !) ; ou au moins un des glorieux prophètes de l'Ancien Testament, mais en aucun cas un homme quelconque. D'ailleurs quand « Les gardes revinrent auprès des grands prêtres et des pharisiens, qui leur demandèrent : ⁴⁵ *Pourquoi ne l'avez-vous pas amené ?* ⁴⁶ Les gardes répondirent : *Jamais un homme n'a parlé comme cet homme !* » (Jean, 7).

Il n'y a personne comme Jésus. Appelons-le souvent : Jésus – Jésus – Jésus …

Le nom de Jésus de Nazareth était-il célèbre du temps de Jésus ?

Le Nom de Jésus de Nazareth était déjà très célèbre de Son Vivant. Son entrée triomphale à Jérusalem commémorée sous le nom de *dimanche des Rameaux* et la réponse que fit la foule aux étrangers qui ne Le connaissaient pas encore démontre parfaitement la ferveur qui entourait Le Saint Nom de Jésus (cf. Matthieu, 21).[19]

Ce texte est merveilleux et grandiose, mais pour mieux ressembler à Notre Seigneur dans Sa discrétion, nous voulons présenter plutôt un texte moins connu qui illustre bien *l'humilité* dont Notre Seigneur s'est revêtu. Ainsi, alors qu'Il marchait vers Sa Passion et Sa Croix, Jésus arriva dans la

---

[19] « ⁹ Les foules qui marchaient devant Jésus et celles qui suivaient criaient : « Hosanna au fils de David ! Béni soit celui qui vient au nom du Seigneur ! Hosanna au plus haut des cieux ! » ¹⁰ Comme Jésus entrait à Jérusalem, toute la ville fut en proie à l'agitation, et disait : « Qui est cet homme ? » ¹¹ Et les foules répondaient : « C'est le prophète Jésus, de Nazareth en Galilée. »

ville de Jéricho (celle que Josué et ses hommes avaient prise au son des trompettes) : « Et comme Il sortait de Jéricho avec Ses disciples et une foule considérable, le fils de Timée (Bartimée), un mendiant aveugle, était assis au bord du chemin. ⁴⁷ Quand il apprit que c'était Jésus le Nazaréen, il se mit à crier : " *Jésus, Fils de David, aie pitié de moi !* "

⁴⁸ Beaucoup le rabrouaient pour lui imposer silence, mais lui criait de plus belle : *"Fils de David, aie pitié de moi !"*

⁴⁹ Jésus s'arrêta et dit : "Appelez-le."

On appelle l'aveugle en lui disant : "Aie confiance ! lève-toi, Il t'appelle." ⁵⁰ Alors lui, rejetant son manteau, bondit et vint à Jésus.

⁵¹ Jésus lui dit alors : "*Que veux-tu que je fasse pour toi ?*"

L'aveugle lui répondit : "*Rabbouni*, c'est-à-dire *Maître, que je recouvre la vue !* "

⁵² Jésus lui dit : "*Va, ta foi t'a sauvé.*" Et aussitôt il recouvra la vue et il cheminait à sa suite. » (Marc, 10).

Cette histoire nous montre que le monde voudrait nous faire taire (même parfois ceux qui disent suivre Le Christ !), mais Le Sauveur ne reste pas sourd à nos appels et Il nous invite à la persévérance. En conséquence, ne cessons pas de dire : « *Jésus, Fils de David, j'ai besoin de toi.* »

Alors Le Christ nous dira : "Que veux-tu que je fasse pour toi ?"

Que lui répondrons-nous alors ?

Le nom de Jésus était-il inscrit sur La Croix ?

Oui, Notre Seigneur a tenu à ce que Son Nom, Jésus, soit inscrit sur La Croix.[20] Et comme Le Nom de Jésus signifie **Le Seigneur Sauve**, cela veut dire que Dieu s'arrangea pour que Son Action Grandiose de Salut soit écrite bien haut : – Le Seigneur Sauve - bien que personne à ce moment ne s'en soit aperçu.

En effet, saint Jean l'évangéliste, le seul des douze apôtres qui sera au pied de La Croix, rapporte que : « [19] Pilate avait rédigé un écriteau qu'il fit placer sur la croix ; il était écrit : « **Jésus le Nazaréen, roi des Juifs.** »[21] (Jean 19,19)

Il précise que : « [20] Beaucoup de Juifs lurent cet écriteau, parce que l'endroit où l'on avait crucifié Jésus était proche de la ville, et que c'était écrit en hébreu, en latin et en grec. [21] Alors les grands prêtres des Juifs dirent à Pilate : « N'écris pas : "Roi des Juifs" ; mais : "Cet homme a dit : Je suis le roi des Juifs". » [22] Pilate répondit : « Ce que j'ai écrit, je l'ai écrit. »

En conséquence, Le Très Saint Nom de Jésus est-Il inscrit sur La Croix du Rédempteur, non seulement Son Nom Sacré, mais encore la mention de Sa Royauté terrestre. Cette mention « Jésus Roi » est très paradoxale du point de vue logique, car, comment un Roi peut-il être crucifié comme un esclave. Cela est incompréhensible à vue humaine, mais Les Pensées de

---

[20] Certes ce n'est pas Le Christ Lui-même qui a écrit Son Nom, mais c'est bien par La Très Sainte Volonté de Dieu que Le Nom de Notre Seigneur figure sur La Croix.

[21] Ce n'est pas saint Jean seulement qui rapporte que Le Nom de Jésus était inscrit sur La Croix, puisque tous les évangélistes le disent, voir : Matthieu (27,37) – Marc (15,26) – et Luc 23,38). Cependant, le récit de saint Jean est le plus détaillé, car il précise la controverse que cette inscription a soulevée, et Jean est aussi le seul à préciser que l'inscription était rédigée en quatre langues.

Dieu ne sont pas nos pensées, ni Ses Voies nos voies (Is 55,8-9). Ce qui est folie pour nous est Sagesse de Dieu (1 Co 3,19) ; La Royauté de Notre Seigneur n'est pas de ce monde (Jn 18,36), car Sa Royauté est une royauté de Justice, de paix et d'amour ; or force est de constater que ce ne sont pas ces valeurs qui règnent sur le monde, mais bien plutôt le contraire.

Pilate avait donc fait marquer : « Jésus le Nazaréen roi des juifs » en latin, la langue de l'occupant romain, en grec, la langue « internationale » de l'époque, et en Hébreux la langue du pays que les juifs connaissaient bien avec l'araméen. Ce message en trois langues traduit bien l'universalisme de La Croix. Rappelons-nous donc en prononçant le Nom Sacré de Jésus que Ce Nom était inscrit sur La Croix et que Le Sauveur n'est pas venu pour les juifs seuls, ni pour les Romains ou les Grecs seulement, mais pour le monde entier. Il est Le Sauveur de tous les hommes.

En déclarant Jésus *roi des juifs*, Pilate avait parfaitement raison, car bien que Notre Seigneur ait dit que Sa Royauté n'était pas de ce monde, Il était pourtant effectivement le roi des juifs, *Le Fils de David*, celui qui de droit devait être sur le trône d'Israël à la place d'Hérode. Car quand Jésus interpella Nathanaël en lui disant : « Avant que Philippe t'appelle, je t'ai vu quand tu étais sous le figuier. » (Jean 1,48). Celui-ci dans sa stupeur s'écria : « Rabbi, c'est toi le Fils de Dieu ! C'est toi le roi d'Israël ! » (Jean 1,49). Et Notre Seigneur ne le nia pas. Aussi rappelons-nous quand nous disons Le Nom de Jésus que celui qui est sur La Croix est Le Crucifié d'Amour et qu'Il est aussi Le Roi légitime d'Israël, Le Roi des juifs, Le Fils de David.

Pour que nous ayons La vie éternelle, Jésus, Dieu fait homme pour nous, a payé le prix fort. Le prix de cette vie éternelle que nous avons reçu de Lui est un prix vertigineux, inimaginable : La Vie d'un Dieu, de L'Unique Vrai Dieu. Notre Rédempteur avait dit : « Moi, je suis le bon pasteur, le vrai berger, qui donne sa vie pour ses brebis. » (Jean 10,11). Et comme il n'y a pas d'écart entre les déclarations de Jésus-Christ et Ses Actes, Notre Seigneur a prouvé sur La Croix ce qu'Il avait librement déclaré.

Jésus, Le Fils de Dieu et de Marie, Notre Rédempteur et Sauveur, nous a obtenu cette bénédiction au-dessus de toute bénédiction d'un bonheur éternel en se substituant à nous sur La Croix : « **Il a effacé le billet de la dette qui nous accablait en raison des prescriptions légales pesant sur nous : il l'a annulé en le clouant à la croix.** » (Col 2,14). Jésus a payé notre rançon. En payant la dette de justice due à nos péchés à notre place, Le Sauveur a effacé le péché du monde, c'est-à-dire : la séparation d'avec Dieu, la source de tous les autres péchés. Non seulement Jésus a payé notre rançon, mais encore Il a voulu enlever le péché qui nous séparait du Dieu Trois fois Saint.

Ainsi, Le Seigneur Dieu de l'Univers est descendu des Cieux. Il s'est dépouillé de Sa gloire pour qu'un jour nous puissions nous en revêtir. Jésus est donc venu dans le monde non seulement pour nous sauver du péché, mais encore pour nous revêtir de gloire et nous manifester L'Amour du Père : « **Comme Le Père M'a aimé, Moi aussi Je vous ai aimés. Demeurez dans mon Amour.** » (Jean 15,9). Aussi, quand nous prononçons Le Nom de Jésus essayons de ressentir L'Amour du Père, du Fils et du Saint-Esprit pour nous.

Comment nous sommes envoyés en mission avec Le Saint Nom de Jésus

Quand Jésus fut Ressuscité d'entre les morts, Il confia à Ses Apôtres la mission de continuer Son œuvre en leur donnant Son Esprit-Saint et Sa Paix : « [19] Jésus leur dit : « La paix soit avec vous ! » [20] Après cette parole, il leur montra ses mains et son côté. Les disciples furent remplis de joie en voyant le Seigneur. » (Jean, 20). C'était en effet la première fois qu'ils voyaient de leurs propres yeux Jésus Ressuscité.

« [21] **Jésus leur dit de nouveau : « La paix soit avec vous ! De même que le Père m'a envoyé, moi aussi, je vous envoie. »** [22] **Ayant ainsi parlé, il souffla sur eux et il leur dit : « Recevez l'Esprit Saint.**

[23] **À qui vous remettrez ses péchés, ils seront remis ; à qui vous maintiendrez ses péchés, ils seront maintenus. »** (Jean, 20).

Par la suite et juste avant Son Ascension, Notre Seigneur leur confirma cette mission : « [15] **Il leur dit : " Allez dans le monde entier. Proclamez l'Évangile à toute la création.** [16] **Celui qui croira et sera baptisé sera sauvé ; celui qui refusera de croire sera condamné.**

[17] **Voici les signes qui accompagneront ceux qui deviendront croyants : en mon nom, ils expulseront les démons ; ils parleront en langues nouvelles ;** [18] **ils prendront des serpents dans leurs mains et, s'ils boivent un poison mortel, il ne leur fera pas de mal ; ils imposeront les mains aux malades, et les malades s'en trouveront bien. "** [19] Le Seigneur Jésus, après leur avoir parlé, fut enlevé au ciel et s'assit à la droite de Dieu. » (Marc, 16).

Celui dont nous prononçons Le Saint Nom nous a envoyés en mission.

Comment saint Pierre a converti trois mille juifs le jour de la Pentecôte en invoquant Le nom de Jésus

Cinquante jours après la Pâque juive, à la fête de *la Pentecôte*,[22] allaient s'accomplir Ces Paroles de Notre Seigneur : « ils parleront en langues nouvelles. » La Pentecôte chrétienne est donc de ce point de vue l'accomplissement d'une promesse du Seigneur. À cette fête, non seulement les apôtres, mais encore tous ceux qui avaient cru en leur témoignage allaient effectivement parler en langue nouvelle et recevoir L'Esprit-Saint.

Voici comment les choses se passèrent. Toute l'Église primitive était donc rassemblée pour célébrer la première Pentecôte, sans Le Christ, quand L'Esprit-Saint descendit sur tous, sous la forme de langues qu'on eut dites de feu : « [1] Quand arriva le jour de la Pentecôte, au terme des cinquante jours, ils se trouvaient réunis tous ensemble ».[23] « [2] Soudain un bruit survint du ciel comme un violent coup de vent : la maison où ils étaient assis en fut remplie tout entière. [3] Alors leur apparurent des langues qu'on aurait dites de feu, qui se partageaient, et il s'en posa une sur chacun d'eux. [4] **Tous**

---

[22] Pentecôte (ou Chavouot en hébreux) célèbre pour les juifs le don de la Thora à Moïse (cf. Exode 19,19) ; c'est-à-dire l'Alliance entre Dieu et Son peuple.
Dans la vision chrétienne, cette fête de Pentecôte célèbre Le Don de L'Esprit-Saint à toute l'Église (et plus uniquement aux apôtres, comme à La Résurrection). C'est ce don qui permet l'accomplissement de L'Alliance. Ce don du Saint-Esprit est rendu possible par Le Sacrifice du Christ et les mérites qui y sont liés.

[23] Étaient présents au jour de la Pentecôte : Les onze apôtres plus le nouvel apôtre, Matthias (celui qui avait remplacé Juda), Marie, La Très saint Mère de Dieu et cent vingt disciples (cf. Actes des Apôtres : 1, 14-14, et 2,1).

furent remplis d'Esprit Saint : ils se mirent à parler en d'autres langues, et chacun s'exprimait selon le don de l'Esprit. » (Actes, 2).

Les juifs religieux qui étaient venus de toutes les régions à Jérusalem célébrer la Pentecôte furent à la fois dans la confusion, la stupéfaction et l'émerveillement, parce qu'ils entendaient chacun dans leur propre langue maternelle les apôtres et les disciples. Mais quelques-uns se moquaient d'eux pensant qu'ils étaient ivres.

Alors saint Pierre entouré de tous les apôtres prit la parole et leur dit que s'accomplissait ici la prophétie du prophète Joël : « [17] Il arrivera dans les derniers jours, dit Dieu, que Je répandrai Mon Esprit sur toute créature : vos fils et vos filles prophétiseront, vos jeunes gens auront des visions, et vos anciens auront des songes. [18] Sur Mes serviteurs et sur Mes servantes, **Je répandrai Mon Esprit en ces jours-là**, et ils prophétiseront. [19] Je ferai des prodiges en haut dans le ciel, et des signes en bas sur la terre : du sang, du feu, un nuage de fumée. [20] Le soleil sera changé en ténèbres, et la Lune sera changée en sang, avant que vienne Le Jour du Seigneur, jour grand et manifeste. [21] **Alors, quiconque invoquera Le Nom du Seigneur sera sauvé**. » (Actes, 2).

Saint Pierre, Le Vicaire du Christ leur fit alors une rapide catéchèse sur qui était Jésus de Nazareth et termina par ces mots : « [32] **Ce Jésus, Dieu l'a ressuscité ; nous tous, nous en sommes témoins.** [33] **Élevé par la droite de Dieu, il a reçu du Père l'Esprit Saint qui était promis, et il l'a répandu sur nous, ainsi que vous le voyez et l'entendez…** [36] **Que toute la maison d'Israël le sache donc avec certitude : Dieu l'a fait Seigneur et Christ, ce Jésus que vous avez crucifié.** » (Actes, 2).

La réaction des juifs réunis devant Pierre et les autres apôtres ne se fit pas attendre : « [37] Les auditeurs furent touchés au cœur ; ils dirent à Pierre et aux autres Apôtres : " Frères, que devons-nous faire ? " [38] Pierre leur répondit : **" Convertissez-vous, et que chacun de vous soit baptisé au nom de Jésus Christ pour le pardon de ses péchés ; vous recevrez alors le don du Saint-Esprit.** [39] Car la promesse est pour vous, pour vos enfants et pour tous ceux qui sont loin, aussi nombreux que le Seigneur notre Dieu les appellera. " ».

Et la conclusion de cette journée de Pentecôte fut que : « ⁴¹ Ceux qui avaient accueilli la parole de Pierre furent baptisés. Ce jour-là, environ trois mille personnes se joignirent à eux. ⁴² Ils étaient assidus à l'enseignement des Apôtres et à la communion fraternelle, à la fraction du pain et aux prières. (Actes, 2).

Le centre de gravité de la prédication de saint Pierre était donc La Seigneurie de Jésus et Son Sacrifice en tant que Christ, c'est-à-dire de Messie. Et **c'est au Nom de Jésus-Christ que les premiers chrétiens furent baptisés** et qu'ils reçurent alors Le Saint-Esprit. L'Église s'accrut en un jour de trois mille personnes remplies d'Esprit-Saint qui bientôt allaient comme de petites abeilles essaimer le grand champ du monde au nom de Jésus.

Que Le Nom du Seigneur soit béni.
Que Dieu soit béni dans Ses anges et dans Ses saints.

Comment le premier miracle de saint Pierre fut accompli grâce au nom de Jésus

Alors que Pierre et Jean se rendaient au Temple pour la prière de la neuvième heure, c'est-à-dire trois heures de l'après-midi, l'heure où Le Christ est mort, voici qu'on amena un homme infirme de naissance devant la porte du Temple pour qu'il fasse l'aumône. Voyant Pierre et Jean qui allaient entrer dans le Temple, il leur demanda l'aumône : « 4 Alors Pierre, ainsi que Jean, fixa les yeux sur lui, et il dit : " Regarde-nous ! " 5 L'homme les observait, s'attendant à recevoir quelque chose de leur part. 6 Pierre déclara : " De l'argent et de l'or, je n'en ai pas ; mais ce que j'ai, je te le donne : au nom de Jésus Christ le Nazaréen, lève-toi et marche. " 7 Alors, le prenant par la main droite, il le releva et, à l'instant même, ses pieds et ses chevilles s'affermirent. 8 D'un bond, il fut debout et il marchait. Entrant avec eux dans le Temple, il marchait, bondissait, et louait Dieu. 9 Et tout le peuple le vit marcher et louer Dieu. » (Actes, 3). **C'est donc au Nom Puissant de Jésus que le premier miracle de saint Pierre fut accompli.**

La suite du texte va encore souligner ce fait : « 11 L'homme ne lâchait plus Pierre et Jean. Tout le peuple accourut vers eux au Portique dit de Salomon. Les gens étaient stupéfaits. 12 Voyant cela, Pierre interpella le peuple : " Hommes d'Israël, pourquoi vous étonner ? Pourquoi fixer les yeux sur nous, comme si c'était en vertu de notre puissance personnelle ou de notre piété que nous lui avons donné de marcher ? ... 16 **Tout repose sur la foi dans Le Nom de Jésus Christ : c'est Ce Nom Lui-même qui vient d'affermir cet homme que vous regardez et connaissez ; oui, la foi qui vient par Jésus l'a rétabli dans son intégrité physique, en votre présence à tous.** » (Actes, 3).

Quels furent les effets de cette prédication dont nous n'avons mis qu'un extrait ?
- Pierre et Jean furent arrêtés et placés sous bonne garde (cf. Actes 4,3).
- Cinq mille hommes devinrent croyants et plus encore en comptant les femmes (cf. Actes 4, 4).

Comment saint Pierre prêcha au grand prêtre (et aux différentes familles sacerdotales) dans Le nom de Jésus

« ⁵ Le lendemain se réunirent à Jérusalem les chefs du peuple, les anciens et les scribes. ⁶ Il y avait là Hanne le grand prêtre, Caïphe, Jean, Alexandre, et tous ceux qui appartenaient aux familles de grands prêtres. ⁷ Ils firent amener Pierre et Jean au milieu d'eux et les questionnèrent : " Par quelle puissance, **par le nom de qui, avez-vous fait cette guérison ?** " (Actes, 4). Même les prêtres juifs comprirent que le miracle venait de l'invocation du nom de Jésus.

« ⁸ Alors Pierre, rempli de l'Esprit Saint, leur déclara : " Chefs du peuple et anciens, ⁹ nous sommes interrogés aujourd'hui pour avoir fait du bien à un infirme, et l'on nous demande comment cet homme a été sauvé.
¹⁰ Sachez-le donc, vous tous, ainsi que tout le peuple d'Israël : **c'est par Le Nom de Jésus le Nazaréen, Lui que vous avez crucifié mais que Dieu a ressuscité d'entre les morts, c'est par Lui que cet homme se trouve là, devant vous, bien portant.** ¹¹ Ce Jésus est La pierre méprisée de vous, les bâtisseurs, mais devenue La pierre d'angle. ¹² **En nul autre que Lui, il n'y a de salut, car, sous le ciel, aucun autre nom n'est donné aux hommes, qui puisse nous sauver.** »
La réponse de Pierre est sans détour, sans artifice, ce n'est pas par leur propre puissance que les disciples opèrent, mais par leur foi dans le nom de Jésus.
Après avoir délibéré, les autorités religieuses juives interdirent formellement à Pierre et Jean de parler ou d'enseigner au nom de Jésus. (Actes 4, 18). Mais : « ¹⁹ Ceux-ci leur répliquèrent : " Est-il juste devant Dieu de vous écouter, plutôt que d'écouter Dieu ? À vous de juger.
²⁰ Quant à nous, il nous est impossible de nous taire sur ce que nous avons vu et entendu. " ». (Actes, 4).

Comment les premières communautés chrétiennes priaient dans Le nom de Jésus

« ²³ Lorsque Pierre et Jean eurent été relâchés, ils se rendirent auprès des leurs et rapportèrent tout ce que les grands prêtres et les anciens leur avaient dit. ²⁴ Après avoir écouté, tous, d'un même cœur, élevèrent leur voix vers Dieu en disant : " Maître, toi, tu as fait le ciel et la terre et la mer et tout ce qu'ils renferment. ²⁵ Par l'Esprit Saint, tu as mis dans la bouche de notre père David, Ton serviteur, les paroles que voici : … ²⁹ Et maintenant, Seigneur, sois attentif à leurs menaces : donne à ceux qui te servent de dire Ta parole avec une totale assurance. ³⁰ Étends donc Ta Main pour que se produisent guérisons, signes et prodiges, **par Le Nom de Jésus, Ton Saint, Ton Serviteur**. » (Actes, 4).

Que va-t-il se produire après une telle prière de confiance où Le Saint Nom de Jésus a été invoqué ?

La suite du récit nous le dit : « ³¹ Quand ils eurent fini de prier, le lieu où ils étaient réunis se mit à trembler, **ils furent tous remplis du Saint-Esprit** et ils disaient la parole de Dieu avec assurance. » Tous ceux qui avaient prié d'un seul cœur furent remplis de L'Esprit de Jésus, L'Esprit Sanctificateur de Force de Sagesse et d'Amour… (Si deux ou trois s'accordent pour demander quelque chose en mon nom, Moi Je le ferai. Mt 18,19). La suite du texte nous montre les effets de L'Esprit-Saint suite à cette prière où Le Nom Saint et Puissant de Jésus fut invoqué : « ³² La multitude de ceux qui étaient devenus croyants avait un seul cœur et une seule âme ; et personne ne disait que ses biens lui appartenaient en propre, mais ils avaient tout en commun. ³³ C'est avec une grande puissance que les Apôtres rendaient témoignage de La Résurrection du Seigneur Jésus, et une grâce abondante reposait sur eux tous. » Voilà ce qu'accomplit Le Saint Nom de Jésus. L'Esprit-Saint est venu en invoquant Ce Nom.

<u>Prions</u> : « **Suradorable Trinité Sainte envoyez-nous L'Esprit-Saint par Jésus-Christ Notre Seigneur que nous puissions agir en Votre Nom, car vous avez dit que nous étions Vos Ambassadeurs (2 Co 5,20).** »

Comment les premiers apôtres ont souffert une fois dans la joie pour Le nom de Jésus

« [14] De plus en plus, des foules d'hommes et de femmes, en devenant croyants, s'attachaient au Seigneur. [15] On allait jusqu'à sortir les malades sur les places, en les mettant sur des civières et des brancards : ainsi, au passage de Pierre, son ombre couvrirait l'un ou l'autre. [16] La foule accourait aussi des villes voisines de Jérusalem, en amenant des gens malades ou tourmentés par des esprits impurs. Et tous étaient guéris. » (Actes, 5).

On pourrait imaginer naïvement que les prêtres juifs auraient été contents de voir les malheurs diminuer dans la population, ceux dont ils devaient prendre soin. Pensez-vous ! Ce fut exactement le contraire :

« [17] Alors intervint le grand prêtre, ainsi que tout son entourage, c'est-à-dire le groupe des saducéens, qui étaient remplis d'une ardeur jalouse pour la Loi. [18] Ils mirent la main sur les Apôtres et les placèrent publiquement sous bonne garde. [19] Mais, pendant la nuit, l'ange du Seigneur[24] ouvrit les portes de la prison et les fit sortir. Il leur dit : [20] " Partez, tenez-vous dans le Temple et là, dites au peuple toutes ces paroles de la vie nouvelle. " ».

Les apôtres obéirent et c'est dans le Temple qu'ils se firent arrêter une fois de plus. Aux reproches du grand conseil, « Pierre et les Apôtres

---

[24] Nous pensons que cet Ange est **Gabriel**. Pour plus de détails concernant cette affirmation, le lecteur qui le désire peut se référer à notre livre : « **Gabriel L'Ange Merveilleux** » – Ed BOD.

déclarèrent : *Il faut obéir à Dieu plutôt qu'aux hommes.* » (Actes 5,29). Cette réponse ne plut pas du tout au Sanhédrin. Les esprits s'échauffaient et ils projetaient de les faire tous périr. Mais grâce à une intervention de Gamaliel, un sage pharisien docteur de la Loi, les membres du Conseil se laissèrent convaincre. Alors : « [40] Ils rappelèrent les Apôtres et, après les avoir fait fouetter, ils leur interdirent de parler au nom de Jésus, puis ils les relâchèrent. **[41] Quant à eux, quittant le Conseil suprême, ils repartaient tout joyeux d'avoir été jugés dignes de subir des humiliations pour Le Nom de Jésus**. »

Plusieurs années après, saint Pierre dira dans sa première lettre :

« [4,13] Dans la mesure où vous communiez aux souffrances du Christ, réjouissez-vous, afin d'être dans la joie et l'allégresse quand sa gloire se révélera. **[14] Si l'on vous insulte pour Le Nom du Christ, heureux êtes-vous, parce que l'Esprit de gloire, l'Esprit de Dieu, repose sur vous.** [15] Que personne d'entre vous, en effet, n'ait à souffrir comme meurtrier, voleur, malfaiteur, ou comme agitateur. [16] Mais si c'est comme chrétien, qu'il n'ait pas de honte, et qu'il rende gloire à Dieu pour Ce Nom-là. » (Première lettre de Pierre). Ainsi, Le Nom de Jésus donne : force, courage, audace et joie.

Béni soit Le Saint Nom de Jésus et tous ceux qui le disent avec amour.

Comment saint Pierre a étendu le salut aux païens grâce au nom de Jésus

Nous avons vu que saint Pierre a affirmé que tout se joue dans la foi au Nom du Fils de Dieu et que c'est par Ce Nom qu'il a converti trois mille juifs au jour de la Pentecôte et que c'est encore par Ce Nom glorieux et puissant de Jésus qu'il a guéri l'infirme de naissance (cf. Actes 3) ce qui a abouti à la conversion de cinq mille hommes. C'est encore par Ce Nom

Puissant de Jésus et pour Ce Nom Puissant que saint Pierre convertira les non-juifs (les païens) aussi.

Au chapitre 10 des Actes des apôtres. Saint Pierre fait un résumé de la vie publique de Jésus à Corneille, un centurion. Celui-ci faisait de larges aumônes au peuple juif et craignait Dieu, mais n'avait pas été baptisé. Il avait reçu d'un ange l'ordre d'envoyer des hommes chercher l'apôtre Pierre et c'est pourquoi le prince des apôtres se trouvait devant lui et tous les païens de son entourage. Pierre leur dit : « [37] Vous savez ce qui s'est passé dans toute la Judée : Jésus de Nazareth, ses débuts en Galilée, après le baptême proclamé par Jean ; [38] comment Dieu l'a oint de l'Esprit Saint et de puissance, Lui qui a passé en faisant le bien et en guérissant tous ceux qui étaient tombés au pouvoir du diable ; car Dieu était avec Lui.

[39] Et nous, nous sommes témoins de tout ce qu'Il a fait dans le pays des Juifs et à Jérusalem. Lui qu'ils sont allés jusqu'à faire mourir en le suspendant au gibet, [40] Dieu L'a Ressuscité le troisième jour et Lui a donné de Se manifester, [41] non à tout le peuple, mais aux témoins que Dieu avait choisis d'avance, à nous qui avons mangé et bu avec Lui après Sa Résurrection d'entre les morts ; [42] et Il nous a enjoint de proclamer au Peuple et d'attester qu'Il est, Lui, Le Juge établi par Dieu pour les vivants et les morts. [43] **C'est de Lui que tous les prophètes rendent ce témoignage que quiconque croit en Lui recevra, par Son Nom, la rémission de ses péchés."** »

« [44] Pierre parlait encore quand L'Esprit Saint tomba sur tous ceux qui écoutaient la parole. [45] Et tous les croyants circoncis qui étaient venus avec Pierre furent stupéfaits de voir que le don du Saint Esprit avait été répandu aussi sur les païens. [46] Ils les entendaient en effet parler en langues et magnifier Dieu. Alors Pierre déclara : [47] "Peut-on refuser l'eau du baptême à ceux qui ont reçu l'Esprit Saint aussi bien que nous ?" [48] Et **il ordonna de les baptiser au Nom de Jésus Christ**. »

Notons que c'est au moment où Pierre dit que quiconque croit en Lui recevra, par Son Nom, la rémission de ses péchés que Le Saint-Esprit descend. Et c'est au Nom de Jésus-Christ que ceux qui ont reçu L'Esprit sont baptisés et pas au nom de Pierre ou de Paul.

Saint Paul a-t-il prêché en utilisant Le nom Puissant de Jésus ?

Saint Pierre n'est pas le seul qui prêchait au Nom de Jésus. L'apôtre Paul[25] prêchait toujours au Nom de Jésus, et ceci dès les premiers jours de sa fulgurante conversion, comme le montre La Sainte-Écriture : « [17] Ananie (un disciple du Christ) partit et entra dans la maison. Il imposa les mains à Saul, en disant : "Saul, mon frère, celui qui m'a envoyé, c'est Le Seigneur, c'est Jésus qui T'est apparu sur le chemin par lequel tu venais. Ainsi, tu vas retrouver la vue, et tu seras rempli d'Esprit Saint. " ».

[18] Aussitôt tombèrent de ses yeux comme des écailles, et il retrouva la vue. Il se leva, puis il fut baptisé. [19] Alors il prit de la nourriture et les forces lui revinrent. Il passa quelques jours à Damas avec les disciples [20] et, <u>sans plus attendre, il proclamait Jésus dans les synagogues</u>, affirmant que Celui-ci est Le Fils de Dieu. Tous ceux qui écoutaient étaient stupéfaits et disaient : *« N'est-ce pas lui qui, à Jérusalem, s'acharnait contre ceux qui invoquent ce nom-là, et n'est-il pas venu ici afin de les ramener enchaînés chez les grands prêtres ? »* [22] Mais Saul, avec une force de plus en plus grande, réfutait les Juifs qui habitaient Damas, en démontrant que Jésus est le Christ. » (Actes, 9).

La suite du texte montre que c'est encore <u>dans Le Nom de Jésus que saint Paul prêchait</u> : « [27] Alors Barnabé le prit avec lui, l'amena aux apôtres et leur raconta comment, sur le chemin, Saul avait vu Le Seigneur, qui lui avait parlé, et avec quelle assurance il avait prêché ensuite à Damas <u>au Nom de Jésus</u>. [28] Dès lors il allait et venait avec les apôtres dans Jérusalem, prêchant avec assurance au nom du Seigneur. » (Actes, 9).

---

[25] Saul et Paul sont une seule et même personne. Saul de Tarse prendra plus tard le prénom de "Paul" qui signifie "le petit", car il s'estimait le plus petit de tous les apôtres (cf. 1 Corinthiens 15,9).

Saint Paul a-t-il baptisé au nom du Seigneur Jésus ?

Les chrétiens, même les plus doctes croient souvent à tort que saint Paul n'a jamais baptisé personne. Même si ce n'était pas la mission principale de l'apôtre des païens, comme il le dit lui-même (cf. 1 Cor 1,17) [26] il n'en demeure pas moins que Paul a baptisé. Le récit des Actes des apôtres au chapitre dix-neuf le montre : « [1] … Après avoir traversé le haut-pays, Paul arriva à Éphèse. Il y trouva quelques disciples [2] et leur dit : "Avez-vous reçu l'Esprit Saint quand vous avez embrassé la foi ? "

" Ils lui répondirent : "Mais nous n'avons même pas entendu dire qu'il y a un Esprit Saint." [3] Et lui : "Quel baptême avez-vous donc reçu » ?

- "Le baptême de Jean", répondirent-ils.

- [4] Paul dit alors : "Jean a baptisé d'un baptême de repentance, en disant au peuple de croire en celui qui viendrait après lui, c'est-à-dire en Jésus."

[5] **À ces mots, ils se firent baptiser <u>au Nom du Seigneur Jésus</u>** ; [6] et quand Paul leur eut imposé les mains, l'Esprit Saint vint sur eux, et ils se mirent à parler en langues et à prophétiser. [7] Ces hommes étaient en tout une douzaine. » Nous retrouvons la séquence : appel du Nom de Jésus et ensuite venue de L'Esprit-Saint.

Le récit de la conversion de Lydie et des siens fait comprendre aussi que saint Paul la baptisa : « [13] Nous étant assis, nous adressâmes la parole aux femmes qui s'étaient réunies. [14] L'une d'elles, nommée Lydie, nous écoutait ; c'était une négociante en pourpre, de la ville de Thyatire ; elle adorait Dieu. Le Seigneur lui ouvrit le cœur, de sorte qu'elle s'attacha aux paroles de Paul.

---

[26] « Ce n'est pas pour baptiser que Christ m'a envoyé, c'est pour annoncer l'Évangile, et cela, sans la sagesse du langage, afin que La Croix de Christ ne soit pas rendue vaine. » Cette déclaration montre que chacun a une mission principale sur laquelle il doit se concentrer. Et l'exemple d'Actes 19 montre qu'avoir une mission principale ne signifie pas avoir une mission exclusive. Voici donc les deux extrêmes que Le disciple zélé du Seigneur doit éviter : la dispersion et l'exclusivité.

¹⁵ <u>Après avoir été baptisée ainsi que les siens</u>, elle nous fit cette prière : "Si vous me tenez pour une fidèle du Seigneur, venez demeurer dans ma maison." » (Actes, 16).

Mais la preuve la plus évidente que saint Paul baptisait au Nom du Seigneur Jésus, est qu'il dresse une liste de personnes qu'il a baptisées et il précise clairement que ce n'est pas en son nom qu'il les a baptisées :
« ¹⁴ Je remercie Dieu de n'avoir baptisé aucun de vous, sauf Crispus et Gaïus : ¹⁵ ainsi on *ne* pourra *pas* dire que vous avez été baptisés en mon nom. ¹⁶ En fait, j'ai aussi baptisé Stéphanas et les gens de sa maison ; et je ne sais plus si j'ai baptisé quelqu'un d'autre. »
Quant à nous, nous, nous savons bien en quel nom il les a baptisés !
C'est au Nom Glorieux et Très Saint de Jésus.

Comment saint Paul donnait-il ses conseils aux Églises ?

Très simplement. L'apôtre insérait Le Nom de Jésus à un moment ou un autre de ses conseils ou de ses exhortations. Voici trois exemples dont on peut s'inspirer : « Je vous en prie, frères, <u>par Le Nom de notre Seigneur Jésus Christ</u>, ayez tous un même langage ; qu'il n'y ait point parmi vous de divisions ; soyez étroitement unis dans le même esprit et dans la même pensée. » (1 Corinthiens 1, 10).

« ⁵ Que Le Seigneur dirige vos cœurs vers l'Amour de Dieu et la constance du Christ. ⁶ Or nous vous prescrivons, frères, <u>au Nom du Seigneur Jésus Christ</u>, de vous tenir à distance de tout frère qui mène une vie désordonnée et ne se conforme pas à la tradition que vous avez reçue de nous ». (2 Thessaloniciens, 3)

« ¹⁶ Ainsi donc, désormais nous ne connaissons personne selon la chair. Même si nous avons connu Le Christ selon la chair, maintenant ce n'est plus ainsi que nous le connaissons. ¹⁷ Si donc quelqu'un est dans Le Christ, c'est une création nouvelle : l'être ancien a disparu, un être nouveau est là. ¹⁸ Et le tout vient de Dieu, qui nous a réconciliés avec Lui par Le Christ et nous a confié le ministère de la réconciliation. ¹⁹ Car c'était Dieu qui dans Le Christ se réconciliait le monde, ne tenant plus compte des fautes des hommes, et mettant en nous la parole de la réconciliation. ²⁰ Nous sommes donc en ambassade pour Le Christ ; c'est comme si Dieu exhortait par nous. Nous vous en supplions <u>au Nom du Christ</u> : laissez-vous réconcilier avec Dieu. ²¹ Celui qui n'avait pas connu le péché, Il l'a fait péché pour nous, afin qu'en lui nous devenions justice de Dieu ». (2 Cor, 5).

Nous aussi, à l'exemple de saint Paul, pensons à insérer Le Saint Nom de Jésus dans nos lettres et nos discours.

Après avoir pris un nombre important d'exemples tirés des Saintes-Écritures où Le Nom Puissant et Saint de Jésus fut invoqué, nous voulons aborder un aspect plus personnel de l'invocation de Ce Nom Merveilleux de Jésus

Comment prier Le Père Éternel ?

C'est toujours par Jésus qu'il faut prier Le Père Éternel : « Tout ce que vous demanderez au Père en mon nom, il vous le donnera. » (Jean 15,16).

Il faut toujours prier avec le cœur rempli d'amour. Si on ne le peut pas, on le demande à Jésus : « Seigneur vient remplir mon cœur d'amour, sans toi je ne peux rien faire ».[27]

C'est donc par Jésus-Christ que nous allons au Père : « ⁶ Moi, Je Suis Le Chemin, La Vérité et La Vie ; personne ne va vers le Père sans passer par Moi. ⁷ Puisque vous Me connaissez, vous connaîtrez aussi Mon Père. » (Jean, 14). C'est ce que Le Fils de Dieu nous a enseigné et c'est aussi ce que montrent les prières de l'Église qui mettent en pratique la parole du Sauveur :

- « Dieu éternel et Tout Puissant, dirige notre vie selon Ton Amour, afin qu'au Nom de Ton Fils Bien-aimé, nous portions des fruits en abondance. Par Jésus Christ. »

- « Accorde-nous, Seigneur, de pouvoir T'adorer sans partage, et d'avoir pour tout homme une vraie charité. Par Jésus Christ. »

- « Dans Ton Amour Inlassable, Seigneur, veille sur Ta famille ; et puisque Ta Grâce est notre unique espoir, garde-nous sous Ta Constante Protection. Par Jésus Christ ».

- « Dieu qui veut habiter les cœurs droits et sincères, donne-nous de vivre selon ta grâce, alors Tu pourras venir en nous pour y faire Ta demeure. Par Jésus Christ. » …

---

[27] Voir Jean 15 et spécialement Jean 15,5 et 15,12

C'est donc toujours **par Jésus-Christ** qu'il faut terminer les prières qui s'adressent au Père : « ¹³ Tout ce que vous demanderez en mon nom, je le ferai, afin que Le Père soit glorifié dans Le Fils. ¹⁴ Si vous me demandez quelque chose en Mon Nom, Je le ferai. » (Jean, 14).

Ces enseignements nous sont très précieux sur la manière dont nous devons formuler nos prières. Jésus nous révèle que tout ce qu'on demandera au Père en Son Nom sera exaucé. **C'est par conséquent au Nom de Jésus que nous devons prier Le Père, Éternel, mais aussi prier, intercéder et agir.**

Voici par exemple ce que nous pouvons dire : « *Seigneur Jésus, Tu as dit que tout ce que nous demanderions en Ton Nom au Père, Tu nous l'accorderas, parce que c'est la gloire de Ton Père (et Notre Père) que nous produisions beaucoup de fruits (Jn 15,8) ; c'est pourquoi Seigneur Jésus je demande en <u>Ton nom</u> que : telle personne (ou ce frère ou cette sœur) :*
- *Soit guéri(e)*
- *Soit délivré(e) de sa maladie, de son oppression*
- *De toutes influences mauvaises*
- *…*

Notre Seigneur reviendra à plusieurs reprises sur cet enseignement de demander <u>en Son Nom</u>.

Ainsi, un peu plus tard dans la même nuit où Il fut livré, Il dit encore : « ²³ Ce jour-là, vous ne me poserez aucune question. En vérité, en vérité, je vous le dis, ce que vous demanderez au Père, il vous le donnera en mon nom. **²⁴ Jusqu'à présent vous n'avez rien demandé en mon nom ; demandez et vous recevrez, pour que votre joie soit complète**.

²⁵ Tout cela, je vous l'ai dit en figures. L'heure vient où je ne vous parlerai plus en termes figurés, mais je vous entretiendrai du Père en toute clarté. ²⁶ Ce jour-là, vous demanderez en Mon Nom et Je ne vous dis pas que J'interviendrai pour vous auprès du Père, ²⁷ car Le Père Lui-même vous aime, parce que vous M'aimez et que vous croyez que Je suis sorti d'auprès de Dieu. » (Jean, 16).

La clef n'est donc pas simplement de demander en prononçant Le Nom de Jésus, comme on prononcerait une formule magique, avec un cœur vide d'amour pour Le Sauveur et pour nos frères, mais **avec un cœur remplit d'amour sincère pour Jésus et pour ses frères**, car l'amour véritable de Jésus conduit à l'amour de nos frères et sœurs : « ^(Jn) **14,15 Si vous M'aimez, vous garderez Mes Commandements... ²¹Celui qui reçoit Mes Commandements et les garde, c'est celui-là qui M'aime ; et celui qui M'aime sera aimé de Mon Père ; Moi aussi, Je l'aimerai, et Je Me manifesterai à lui.** ^(15,9) **Comme Le Père M'a aimé, Moi aussi Je vous ai aimés. Demeurez dans Mon Amour.**

^(15,10) Si vous gardez mes commandements, vous demeurerez dans Mon Amour, comme Moi, J'ai gardé les Commandements de Mon Père, et Je demeure dans Son Amour. **¹¹ Je vous ai dit cela pour que Ma Joie soit en vous, et que votre joie soit parfaite. ¹² Mon Commandement, le voici : Aimez-vous les uns les autres comme Je vous ai aimés.** ¹³ Il n'y a pas de plus grand amour que de donner sa vie pour ceux qu'on aime. ¹⁴ Vous êtes Mes Amis si vous faites ce que Je vous commande. » (Jean, 15).

L'amour véritable conduit à la joie qui vient de Dieu et la paix, et aussi à l'exaucement de ses prières demandées au Nom de Jésus au Père.

Le nom de Jésus est-il efficace contre les démons ?

La Parole de Dieu nous fournit encore la réponse. Jésus avait envoyé ses soixante-douze disciples en mission deux par deux : « ¹⁷ Les 72 revinrent tout joyeux, disant : "Seigneur, même les démons nous sont soumis en Ton Nom ! " ¹⁸ Il leur dit : "Je voyais Satan tomber du ciel comme l'éclair ! ¹⁹ Voici que je vous ai donné le pouvoir de fouler aux pieds serpents, scorpions, et toute la puissance de l'Ennemi, et rien ne pourra vous nuire. " » (Luc, 10).[28]

Un autre exemple de La Puissance du Nom de Jésus contre les démons se trouve dans les Actes des Apôtres. Paul et ses compagnons passaient de communauté en communauté et ils transmettaient les décisions prises par les Apôtres et les Anciens de Jérusalem, pour qu'elles entrent en vigueur. Suite à une vision, Paul se rendit en Macédoine pour évangéliser (Actes 16,9). Il y rencontra Lydie qu'il baptisa. Et, tandis qu'ils se rendaient au lieu de la prière, une jeune servante qui était possédée par un esprit de divination … se mit à suivre Paul et ses compagnons, en criant : " Ces gens-là sont des serviteurs du Dieu Très-Haut ; ils vous annoncent la voie du salut. "». (Actes 16, 17). « Elle fit ainsi pendant bien des jours. À la fin, Paul excédé se retourna et dit à l'esprit : "Je t'ordonne au nom de Jésus Christ de sortir de cette femme." Et l'esprit sortit à l'instant même ».

À ce Nom Glorieux de Jésus-Christ, tout l'Enfer et ses démons sont soumis.

Quand Jésus opérait des miracles, Il le faisait en Son Propre Nom :

« ¹⁴ Il s'approcha et toucha le cercueil ; les porteurs s'arrêtèrent, et Jésus dit : " Jeune homme, Je te l'ordonne, lève-toi. " ¹⁵ Alors le mort se redressa

---

[28] Notre Seigneur ajouta aussi : « Cependant, ne vous réjouissez pas de ce que les esprits vous soient soumis, mais réjouissez-vous de ce que vos noms se trouvent inscrits dans les cieux." » (Luc 10,20).

et se mit à parler. Et Jésus le rendit à sa mère. » (Luc, 7). Parfois Le Sauveur opérait des miracles sans donner d'ordre formel : « promenant Son Regard sur eux tous, Il dit à l'homme : *Étends la main*. Il le fit, et sa main redevint normale. » (Luc 6,10).

Mais quand nous prions pour la délivrance d'une personne, que ce soit une délivrance spirituelle, physique ou émotionnelle,[29] c'est toujours au Nom de Notre Seigneur Jésus-Christ que nous agissons. Ou bien nous Lui adressons nos prières directement : « ***Seigneur Jésus je te demande de...*** ». Ou bien nous nous adressons au Père Éternel par Son intermédiaire : « ***Père Éternel, au Nom de Ton Fils Bien-Aimé Jésus-Christ, je te demande de ...*** ».

Ou encore nous passons par Le Saint-Esprit que Notre Seigneur nous a accordé par Son Sacrifice et que nous avons effectivement reçu au baptême et en plénitude à la confirmation : « ***Esprit-Saint, je te demande ...*** ».

Ou encore, nous faisons notre demande ou nous agissons en nous référant à Jésus-Christ : « ***Au nom de Jésus-Christ, Seigneur et Sauveur, je demande ...*** » [30]

---

[29] Les maux physiques sont liés au corps. Cela peut-être des douleurs fréquentes ou intenses, des maladies. Les maux émotionnels sont liés à notre affectivité et recouvrent une grande étendue de possibilité : tristesse, découragement, colère, ressentiment, jalousie, non-pardon... Ces deux catégories ne sont pas en réalité séparées et beaucoup de maux physiques sont d'origine émotionnelle. La maladie, qu'elle soit physique ou émotionnelle, peut être d'origine spirituelle. De nombreux passages de l'Écriture-Sainte nous le montrent. Voici un exemple : « Alors on lui présenta un possédé qui était aveugle et muet. Jésus le guérit, de sorte que le muet parlait et qu'il voyait. » (Mt 12,22).

[30] Nous appelons nos lecteurs à ne pas se lancer seul, ni sans formation pour ce qui est des délivrances spirituelles.

Même dans le cas où ils sont formés, nous leur rappelons qu'ils ne doivent offrir aucune prise à l'ennemi en termes d'état de vie (tel que le concubinage) ou de péché. Idéalement, celui qui officie pour les délivrances de démons doit avoir fait au préalable une bonne confession avec la ferme intention de ne pas retomber dans ses péchés et avoir communié. Que cet avertissement ne soit pas compris comme un signal de peur, mais un encouragement à atteindre et demeurer dans la sainteté. Dans cet état de sanctification, aucun démon n'a de prise sur vous.

Jésus la plus courte des prières

Dire « Jésus », c'est réciter la plus courte des prières. Devant un danger quel qu'il soit, le réflexe que le chrétien doit avoir est de dire Jésus dans son cœur ou à haute voix et faire son signe de Croix s'il le peut. Jésus est la plus courte des prières.

Vous voulez savoir si le nom de Jésus est efficace ?
Voyez cette parole de saint Paul : « **Il n'y a pas sous le ciel d'autre Nom donné aux hommes, par lequel nous devions être sauvés.** » (Actes 4,12).

Quelques prières indulgenciées très courtes avec le nom de Jésus

Les *oraisons jaculatoires* sont de très courtes prières adressées à Dieu ou aux saints. Les fidèles qui prononcent ces courtes prières avec foi et amour peuvent bénéficier d'indulgences partielles ou totales,[31] c'est-à-dire de rémissions partielles ou même totales de jours de purgatoire selon certaines conditions.[32]

Dans tous les cas, celui qui est en difficulté, qu'il soit pécheur ou saint peut (et doit) invoquer Son Sauveur Jésus-Christ.

[31] Pour des informations supplémentaires sur le pourquoi des indulgences et comment ce système fonctionne exactement, le lecteur ou la lectrice qui le désire peut consulter notre livre : « **Le Sacré-Cœur de Jésus Source de Miséricorde et Rayonnement d'Amour.** » - Ed BOD.

[32] « L'indulgence est la rémission devant Dieu de la peine temporelle due pour les péchés dont la faute est déjà effacée, rémission que le fidèle bien disposé obtient à

Certaines de ces courtes prières offrent aussi la possibilité que les bénéfices des rémissions partielles ou totales soient pour d'autres personnes que celui qui les récite, que ces personnes soient vivantes ou au purgatoire.[33] C'est donc une grâce extraordinaire de connaître ces oraisons jaculatoires.

Parmi les conditions requises pour bénéficier effectivement des jours de rémission, se trouvent : *la confession, la présence à la sainte messe et la communion, des œuvres de piété et de pénitence*[34], *les œuvres de miséricordes matérielles ou spirituelles,*[35] *et la récitation d'au moins un Notre Père, un Je vous salue Marie et un gloire au Père au bénéfice du Souverain Pontife.*

« L'Écriture et les Pères insistent surtout sur trois formes : *le jeûne, la prière, et l'aumône* (cf. *Tb* 12, 8 ; *Mt* 6, 1-18), qui expriment la conversion par rapport à soi-même, par rapport à Dieu et par rapport aux autres » (Catéchisme, 1434). Toutes les œuvres bonnes que nous accomplissons sont en effet liées à une ou plusieurs de ces trois grandes expressions de l'amour : **le jeûne ou la tempérance, la prière et l'aumône ou la charité**.

Le jeûne ne porte pas uniquement sur la nourriture. Il ne consiste donc pas seulement à se priver totalement ou partiellement de nourriture ou

---

certaines conditions déterminées, par l'action de l'Église, laquelle, en tant que dispensatrice de la rédemption, distribue et applique par son autorité le trésor des satisfactions du Christ et des saints » (Catéchisme de l'Église Catholique : CEC, 1471). Pour bénéficier des indulgences, il faut donc avoir fait *une confession* auprès d'un prêtre.

[33] Pourvu que ces défunts ne soient pas dans le troisième niveau du purgatoire, celui le plus proche de l'enfer.

[34] « La pénitence intérieure est une réorientation radicale de toute la vie, un retour, une conversion vers Dieu de tout notre cœur, une cessation du péché, une aversion du mal, avec une répugnance envers les mauvaises actions que nous avons commises. En même temps, elle comporte le désir et la résolution de changer de vie avec l'espérance de la miséricorde divine et la confiance en l'aide de sa grâce » (Catéchisme, 1431).

[35] « [par les indulgences], l'Église ne veut pas seulement venir en aide à ce chrétien, mais aussi l'inciter à des œuvres de piété, de pénitence et de charité » (CEC 1478).

encore à manger frugalement, mais encore de faire un usage sage et modéré de toutes les sources de plaisir et de satisfaction du corps. Le jeûne donc est un mode de vie qui consiste en une utilisation sage et pondérée de toutes activités liées aux nécessités du corps et de ses plaisirs. On peut donc jeûner de nourriture (et il le faut), mais aussi : de cigarettes, de réseaux sociaux, de médisances, de télévision, d'internet…

Le jeûne peut facilement être lié à la vertu de *tempérance*, mais aussi à celle de *force*[36] (car il n'est pas facile de dompter ses envies et ses désirs, ni le corps).

La *prière* peut se comprendre comme une utilisation appliquée de toutes nos facultés intellectuelles (volonté, intelligence, mémoire…) et spirituelles, pour nous unir à Dieu dans une conversation familière et intime ou même simplement nous maintenir en Sa Présence : « **Demeurez dans Mon amour.** » (Jean 15,9) - « **Garde ton cœur plus que toute autre chose, car de lui viennent les sources de la vie.** » (Proverbes 4,23).

L'aumône consiste bien sûr à donner de l'argent à ceux qui en ont besoin, mais pas uniquement. Elle peut consister aussi à donner des biens matériels (vêtements, nourriture, meubles, voitures, maison…). Et encore à donner de

---

[36] Et quand on y réfléchit davantage, le jeûne peut aussi être relié aux deux autres vertus cardinales que sont : la justice et la prudence. Car dans bien des cas, abuser d'une chose peut conduire à priver quelqu'un d'autre de cette chose ou encore une autre personne de ma présence. Il y a donc une potentielle blessure à la justice ; justice qui consiste à donner à chacun ce qui lui est dû. Par exemple passer beaucoup de temps sur internet peut conduire à ne pas faire le travail que je suis censé faire et pour lequel je suis payé (il y a donc une injustice) ou encore me priver de temps de relation avec mon conjoint, mes enfants, mes parents, mes amis, mes collègues… Où se trouve la prudence ?
Et bien l'excès d'une chose (nourriture ou activité) conduit immanquablement à des déséquilibres et des conséquences néfastes. Par exemple l'excès de nourriture peut conduire à toutes sortes de maladies : diabète, hypertension, augmentation des risques cardiaques et vasculaires cérébraux… La prudence impose de ne pas s'engager dans ces voies d'excès et le jeûne permet cela.

son temps, de sa force, de ses compétences, de son expertise, à prendre soin des personnes âgées ou en difficulté, des malades, à pardonner à ceux qui nous ont offensés, à corriger celui qui a besoin de l'être, à consoler celui qui souffre... L'aumône consiste donc en plus des dons d'argent et de biens matériels, à un don de soi-même à l'image du Christ qui s'est Lui-même livré en plus d'avoir accompli une multitude de bonnes œuvres : avoir fourni six jarres pleines de vin,[37] multiplié les pains, ouvert les yeux des aveugles, fait entendre les sourds et marcher les infirmes, libérer les possédés, enseigner Sa Doctrine de Vie...).

Voici donc quelques oraisons jaculatoires[38] qui seront le point de départ d'une élévation dans les niveaux de la grâce :

1) **« Doux Cœur de mon Jésus, faites que je vous aime toujours de plus en plus ».** (300 jours d'indulgences ; plénière si récitation quotidienne pendant un mois ; applicable aux défunts ; Pie IX, nov. 1876).

2) **« Mon Seigneur et mon Dieu ! »** (Indulgence de 7 ans si on regarde La Sainte Hostie, soit à l'élévation de la messe, soit quand elle est exposée sur l'autel ; plénière chaque semaine aux conditions ordinaires pour ceux qui ont observé cette pratique chaque jour).

---

[37] La transformation de l'eau de purification en vin aux Noces de Cana est le commencement des œuvres du Christ (voir Jean 2,1-11). Non pas la première de ses œuvres, mais le commencement de Ses œuvres. La différence entre les deux, et les raisons pour lesquelles Jésus appelle Sa Mère **femme**, ainsi qu'une multitude de « détails » sont expliqués soigneusement dans un livre que nous avons publié précédemment : **« Les Noces de Cana » - GN AUBRY -Ed BOD.**
Le sous-titre est : « Le troisième jour, il y eut un mariage à Cana... Tel fut le commencement des signes que Jésus accomplit. »

[38] "Jaculatoire" vient du latin classique "jaculari" qui signifie "lancer".
Le terme "Oraisons jaculatoires" est un terme consacré par l'usage et la tradition qui se rapporte à des prières sortant du cœur, comme le jaillissement d'une fontaine, comme un brusque débordement d'amour.

3) « **Jésus, mon Dieu, je vous aime par-dessus tout**. » (Indulgence de 300 jours, applicables aux défunts ; 1854).

4) « **Cœur de Jésus, brûlant d'Amour pour nous, embrasez nos cœurs d'amour pour Vous.** » (Indulgence de 500 jours ; plénière si récitation quotidienne pendant un mois ; 10 mars 1933).

5) « **Cœur Sacré de Jésus, j'ai confiance en Vous.** » (300 jours ; plénière, aux conditions ordinaires, si récitation quotidienne pendant un mois ; applicable aux défunts Pie X, 27 juin 1906).

6) « **Ô très doux Jésus, ne soyez pas mon juge, mais mon Sauveur.** » (300 jours ; plénière si récitation quotidienne pendant un mois ; applicable aux défunts ; Pénitence apostolique, 22 oct. 1935).

7) « **Cœur Sacré de Jésus, que Votre règne arrive.** » (300 jours, Pie X, 29 juin 1906).

8) « **Seigneur, augmentez en nous la foi.** » (Indulgence 500 jours ; plénière, aux conditions ordinaires, si récitation quotidienne pendant un mois (Pénitence Apostolique, 15 avril 1935).

9) « **Jésus, Marie, Joseph (je vous aime)** »
– Aucune oraison jaculatoire n'est aussi richement indulgenciée, puisque, chaque fois qu'on la récite, on peut gagner une indulgence de 7 ans et 7 quarantaines, applicable aux défunts.

10) « **Dieu Saint, Dieu Fort, Dieu Immortel, ayez pitié de nous**. » (Indulgence de 500 jours. Plénière si elle est récitée tous les jours du mois.).

11) « **Dieu Tout-Puissant et Éternel, augmentez en nous la foi, l'espérance et la charité ; et pour que nous méritions d'obtenir ce que Vous promettez, faites-nous aimer ce que Vous commandez. Par

Notre Seigneur Jésus-Christ. » (Indulgences de 5 ans. Plénière si elle est récitée tous les jours du mois).

12) **« Jésus, Fils de David, ayez pitié de moi. »** (St Luc, 18-38.) (Indulgence de 500 jours. Plénière si elle est récitée pendant le mois).

Les actes de foi, d'espérance, de charité, et de contrition ouvrent droit à *une indulgence de 3 ans* pour chacun de ces actes, quelle que soit la formule employée, pourvu qu'il s'agisse de formules recommandées dans un catéchisme approuvé par l'autorité ecclésiastique compétente.

Cette indulgence est *plénière* si on récite au moins un acte *chaque jour* du mois, aux conditions ordinaires. L'indulgence est aussi *plénière à l'article de la mort* si on les a dits fréquemment durant la vie. (Pénitence Apostolique, 17 févr. 1932).

Acte de foi : « Mon Dieu, je crois fermement toutes les vérités que Vous avez révélées et que Vous enseignez par Votre Sainte Église, parce que vous ne pouvez ni Vous tromper ni nous tromper. »

Acte d'espérance : « Mon Dieu, j'espère avec une ferme confiance que Vous me donnerez, par les mérites de Notre-Seigneur Jésus-Christ, Votre grâce en ce monde et le bonheur éternel dans l'autre, parce que Vous l'avez promis et que Vous êtes toujours fidèle dans Vos promesses. »

Acte de charité : « Mon Dieu, je Vous aime par-dessus toutes choses, de tout mon cœur, de toute mon âme et de toutes mes forces, parce que Vous êtes infiniment parfait et souverainement aimable. J'aime aussi mon prochain comme moi-même pour l'amour de Vous. »

Acte de contrition : « Mon Dieu, j'ai un extrême regret de Vous avoir offensé parce que Vous êtes infiniment bon, infiniment aimable et que le péché Vous déplaît ; je prends la ferme résolution avec le secours de Votre Sainte grâce, de ne plus Vous offenser et de faire pénitence. »

Faut-il tout faire au Nom du Seigneur Jésus ?

La Sainte-Écriture est particulièrement explicite sur ce point : « **En tout temps et à tout propos, rendez grâces à Dieu Le Père, au nom de Notre Seigneur Jésus Christ.** » (Éphésiens 5, 20). « **Et quoi que vous puissiez dire ou faire, que ce soit toujours <u>au nom du Seigneur Jésus</u>, rendant par lui grâce au Dieu Père !** » (Colossiens 3, 17).

Ainsi, toute œuvre acquiert sa bonté et sa sanctification par Le Nom de Jésus : « **Sans moi vous ne pouvez rien faire.** » (Jean 15, 5).

Le mieux pour commencer cet entraînement d'amour, de toujours penser à Dieu et de dire Son Nom souvent, est de prendre l'habitude de débuter et de finir ses journées par une dédicace de sa journée à Jésus et Toute La Trinité. Nous proposons ces trois prières de consécration de la journée :

- « **Jésus, mon Dieu, je Vous aime par-dessus tout. Jésus, Marie, Joseph, je Vous aime, je Vous offre ma journée, daignez la bénir et la rendre féconde pour Votre Gloire**

Seigneur Jésus, je veux vivre dans Votre Sainteté et Vous ressembler. Faites qu'aujourd'hui je rayonne de Votre Joie, de Votre Paix et de Votre Puissance. »

- « **Doux Cœur de mon Jésus, faites que je T'aime toujours de plus en plus. Seigneur Jésus, je T'offre ma journée, apprends-moi à mieux T'aimer et à aimer mon prochain comme Toi Tu l'aimes.** »

- « **Jésus, Fils de David, ayez pitié de moi. Protégez-moi Seigneur et protégez toute ma famille, couvrez-nous de Votre Précieux Sang et revêtez-nous de puissance et d'humilité.** »

Nous proposons pour le soir, en plus des prières habituelles, ces trois prières de remerciement :

- **« Seigneur Jésus je Vous rends grâce de tout mon cœur pour tous les bienfaits que Vous m'avez accordés et dont je suis conscient : … (les énumérer, au moins trois) et tous ceux plus nombreux que je découvrirai auprès de Vous dans Votre Lumière éternelle. »**

- **« Seigneur Jésus, Source infinie d'Amour et de Miséricorde, merci pour le bien que j'ai pu accomplir grâce à Toi et pardonne-moi pour celui que je n'ai pas fait. »**

- **« Seigneur Mon Dieu, je remets cette journée écoulée et mon âme entre Tes mains et Je les confie à Ta Miséricorde. »**

Tout au long du jour, on peut prononcer une des oraisons jaculatoires ou encore dire simplement : « **Jésus – Jésus – Jésus…** » – ou : « **Jésus, Marie, Joseph, je vous aime** ».

« Si deux ou trois sont réunis en mon nom, Je suis là au milieu d'eux. » (Matthieu 18,20). Qu'est-ce que cela signifie concrètement ?

Il est bon que le chrétien ne reste pas seul. Les disciples ont été envoyés deux par deux et les fils et les filles d'un même Père se réunissent normalement au moins une fois par semaine pour La Sainte Messe.

Notre Seigneur a déclaré que dès que deux ou trois étaient réunis en Son Nom, Il serait là au milieu d'eux. L'unité dont parle ici Notre Seigneur n'est pas premièrement une unité physique, c'est-à-dire une présence commune, bien que ce point soit important. C'est avant tout **une unité de cœur et d'esprit** dont il s'agit.

En effet, deux ou trois chrétiens peuvent être séparés de corps et pourtant être rassemblés de cœur et d'esprit. Inversement, deux ou trois chrétiens peuvent être rassemblés physiquement et cependant demeurer dans la division. C'est pourquoi Notre Seigneur avait dit juste avant : **« Si deux d'entre vous s'accordent sur la terre pour demander une chose quelconque, elle leur sera accordée par Mon Père qui est aux cieux ».** (Matthieu 18,19).

L'union, l'accord, la concorde sont des points capitaux. Nous devons toujours nous réunir et prier avec beaucoup d'amour.

Si nous mettons en œuvre les paroles de Notre Seigneur rapportées par saint Matthieu, cela signifie qu'une **règle d'or** est de toujours commencer nos réunions chrétiennes en rappelant cet enseignement de Jésus-Christ. Nous pouvons prier ainsi, par exemple : *« Seigneur Jésus, Source et Origine de toute chose (Ap 22,13), Tu as voulu dans Ton Amour faire de nous tes fils et tes filles (Jn 1,12) et être notre frère (Ro 8,29). Tu as dit dans Ta parole que : « Si deux d'entre vous s'accordent sur la terre pour demander une chose* *quelconque, elle leur sera accordée par Ton Père qui est aux cieux »* (Mt 18,19).

Et Tu as ajouté que : « Si deux ou trois sont réunis en mon nom, Je Suis là au milieu d'eux. » Seigneur Jésus, Maître et Sauveur, viens donc au milieu de nous et envoie-nous Ton Esprit Saint afin que nous recevions chacun la claire vision de ce que nous devons faire et la force de l'accomplir. »

Ensuite, après avoir par exemple chanté Le Glorieux Nom de Jésus, on peut entonner un chant à L'Esprit-Saint ou dire une prière au Saint-Esprit et commencer (ou plus exactement poursuivre) la rencontre. **La règle est de ne <u>jamais</u> débuter une rencontre chrétienne sans invoquer Le Nom de Jésus et L'Esprit-Saint.**

Tout le monde peut-il utiliser Le nom du Seigneur pour opérer des miracles ?

Un exemple tiré des Actes des Apôtres répondra facilement à cette question : « ¹⁹,¹³ Quelques exorcistes juifs ambulants s'essayèrent de prononcer, eux aussi, le nom du Seigneur Jésus sur ceux qui avaient des esprits mauvais. Ils disaient : *"Je vous adjure par ce Jésus que Paul proclame."* ¹⁴ Il y avait sept fils de Scéva, un grand prêtre juif, qui agissaient de la sorte. ¹⁵ Mais l'esprit mauvais leur répliqua : *"Jésus, je le connais, et Paul, je sais qui c'est. Mais vous autres, qui êtes-vous ?"*

¹⁶ Et se jetant sur eux, l'homme possédé de l'esprit mauvais les maîtrisa les uns et les autres et les malmena si bien que c'est nus et couverts de blessures qu'ils s'échappèrent de cette maison. ¹⁷ Tous les habitants d'Éphèse, Juifs et Grecs, surent la chose. La crainte alors s'empara de tous et Le Nom du Seigneur Jésus fut glorifié ». (Actes, 19).

Un seul homme (mais un homme possédé par un démon !) en a maîtrisé sept autres et les a humiliés, alors qu'ils pensaient se glorifier d'une libération en utilisant le nom du Seigneur qu'ils ne connaissaient pas. Saint Paul nous enseigne que : « Quiconque invoquera Le Nom du Seigneur sera sauvé. » (Romains 10,13). Cependant, l'apôtre ajoute : « [14] Mais comment l'invoquer sans d'abord croire en Lui ? Et comment croire sans d'abord l'entendre ? Et comment entendre sans prédicateur ? [15] Et comment prêcher sans être d'abord envoyé ? Selon le mot de l'Écriture : Qu'ils sont beaux les pieds des messagers de bonnes nouvelles ! [16] Mais tous n'ont pas obéi à la Bonne Nouvelle. Car Isaïe l'a dit : Seigneur, qui a cru à notre prédication ? [17] Ainsi la foi naît de la prédication et la prédication se fait par la parole du Christ. (Romains, 10).

Les fils du grand prêtre ne connaissaient pas Jésus, ils n'avaient pas non plus voulu être enseigné par l'apôtre Paul ; ils voulaient seulement se glorifier d'une libération d'un homme possédé en utilisant le nom de Jésus. Jésus pour eux n'était pas une fin, mais un moyen de tirer un profit personnel, ici la gloire.

Tout se joue donc dans l'intention avec laquelle Le Nom Sacré de Jésus est prononcé. C'est pourquoi le saint peut proclamer sereinement Le Nom de Jésus pour demeurer dans la sainteté que Dieu lui accorde : **« Qu'il évite l'iniquité, celui qui prononce le nom du Seigneur. »** (2 Thimothée 2, 19).

Est-ce à dire que le pécheur ne peut pas dire le nom de Jésus ?

Pareillement, un exemple tiré des évangiles répondra à notre interrogation : « [2] Il y avait un homme du nom de Zachée ; il était le chef des collecteurs d'impôts, et c'était quelqu'un de riche. [3] Il cherchait à voir qui était Jésus, mais il ne le pouvait pas à cause de la foule, car il était de petite taille. [4] Il courut donc en avant et grimpa sur un sycomore pour voir Jésus qui allait passer par là. [5] Arrivé à cet endroit, Jésus leva les yeux et lui dit : " Zachée, descends vite : aujourd'hui il faut que j'aille demeurer dans ta maison. " [6] Vite, Zachée descendit et reçut Jésus chez lui avec joie ». (Luc, 19).

Notre Seigneur a donc clairement exprimé Son Désir de se rapprocher des pécheurs : « Le Fils de l'homme est venu chercher et sauver ce qui était perdu. » (Luc 19,10). « ³¹ Ce ne sont pas les gens en bonne santé qui ont besoin du médecin, mais les malades. ³² Je ne suis pas venu appeler des justes mais des pécheurs, pour qu'ils se convertissent. » (Luc, 5).

La conversion des pécheurs est donc ardemment désirée par Notre Sauveur.[39] Cette repentance et cette conversion (cette metanoïa) sont une source de joie immense pour toute la cour céleste : « Il y aura plus de joie dans le ciel pour un seul pécheur qui se repent, que pour quatre-vingt-dix-neuf justes qui n'ont pas besoin de repentance. » (Luc 15,7).

Ces paroles du Christ et l'exemple de Zachée, mais aussi celui de Lévi,[40] qui deviendra par la suite saint Matthieu (l'évangéliste), nous montre clairement que Le Seigneur recherche ses enfants perdus, comme un Bon Pasteur.[41]

Ainsi, le pécheur qui désire quitter la voie du péché, qu'il appelle Son Seigneur et Sauveur : « **Jésus – Jésus – Jésus – viens demeurer en moi – viens Seigneur Jésus** ».

---

[39] Les justes et tous ceux qui disent suivre Le Christ doivent prier pour cette conversion des pécheurs (et aussi pour le maintien dans les bonnes œuvres des justes).

[40] Voir : Matthieu (9,9-13) ou Marc (2,14-17) ou encore Luc (5,27-32).

[41] Voir : Ézéchiel 34 et Jean 10.

Le Saint Nom de Jésus nous prémunit-il de tout ?

Nous aimerions qu'il en soit ainsi, mais Jésus, Notre Sauveur nous a averti qu'il n'en était pas ainsi. C'est pourquoi Le Christ a prononcé ce grave avertissement aux conséquences éternelles : « [21] Ce n'est pas en me disant : Seigneur, Seigneur, qu'on entrera dans le Royaume des Cieux, mais c'est en faisant La Volonté de mon Père qui est dans les cieux. [22] Beaucoup me diront en ce jour-là : Seigneur, Seigneur, n'est-ce pas en Ton Nom que nous avons prophétisé ? En Ton Nom que nous avons chassé les démons ? En Ton Nom que nous avons fait bien des miracles ? [23] Alors Je leur dirai en face : Jamais Je ne vous ai connus ; écartez-vous de Moi, vous qui commettez l'iniquité.

[24] "Quiconque écoute ces paroles que Je viens de dire et les met en pratique, peut se comparer à un homme avisé qui a bâti sa maison sur le roc. » (Matthieu, 7).

Il ne s'agit donc pas de dire : Jésus, Jésus, Jésus ou même d'accomplir des œuvres bonnes en apparence ; encore faut-il **les accomplir avec l'esprit du Christ**, c'est-à-dire avec un esprit d'amour, de justice et de vérité.

Ceux qui font les œuvres avec un esprit d'orgueil et de pharisianisme ne seront pas agréés par Le Seigneur. La parabole du pharisien et du publicain le démontre clairement : « [9] À l'adresse de certains qui étaient convaincus d'être justes et qui méprisaient les autres, Jésus dit la parabole que voici : « [10] Deux hommes montèrent au Temple pour prier. L'un était pharisien, et l'autre, publicain (c'est-à-dire un collecteur d'impôts). [11] Le pharisien se tenait debout et priait en lui-même : "Mon Dieu, je te rends grâce parce que je ne suis pas comme les autres hommes, ils sont voleurs, injustes, adultères, ou encore comme ce publicain. [12] Je jeûne deux fois par semaine et je verse le dixième de tout ce que je gagne." [13] Le publicain, lui, se tenait à distance et n'osait même pas lever les yeux vers le ciel ; mais il se frappait la poitrine, en disant : "Mon Dieu, montre-toi favorable au pécheur que je suis !" [14] Je vous le déclare : quand ce dernier redescendit dans sa maison, c'est lui qui était devenu un homme juste, plutôt que l'autre. Qui s'élève sera abaissé ; qui s'abaisse sera élevé. »

Cette parabole s'adressait à ceux qui étaient convaincus d'être justes !

Personne n'est juste devant Dieu, sinon ceux que Dieu a Lui-même justifiés ! Qui donc peut se prétendre irréprochable devant Dieu ?

Tous, nous avons besoin de La Miséricorde de Dieu : le pécheur pour se convertir et se repentir de son péché [42] et le juste pour persévérer dans la grâce.

Faire des miracles et remporter beaucoup de succès, même au Nom du Christ ne nous garantit pas Le Ciel ! Tout réside dans l'intention avec laquelle nous prononçons Le Nom de Jésus et pour quelles raisons profondes ces œuvres ont été accomplies. Dieu qui sonde les cœurs et les reins sait si ces œuvres ont été faites pour le salut des âmes et pour Sa Gloire ou pour d'autres raisons telles que des avantages financiers ou une gloire qui aurait dû revenir à Dieu.

Ce que faisait le Pharisien était objectivement bon : il jeûnait et donnait la dîme demandée par la loi. Mais il méprisait non seulement son frère et le jugeait, au lieu de lui venir charitablement en aide, mais encore il jugeait tous les hommes (je ne suis pas comme les autres hommes, ils sont voleurs, injustes, adultères). Ainsi se faisait-il juge des hommes et non frère des hommes. Le jugement revient à Dieu : « [37] Ne jugez pas, et vous ne serez pas jugés ; ne condamnez pas, et vous ne serez pas condamnés. Pardonnez, et vous serez pardonnés. [38] Donnez, et l'on vous donnera : c'est une mesure bien pleine, tassée, secouée, débordante, qui sera versée dans le pan de

---

[42] C'est-à-dire se corriger et se défaire de son péché. Souvent nous avons tendance à nous décourager, parce que nous confessons souvent le(s) même(s) péché(s). Il ne faut pas se décourager pour autant et il faut continuer à faire ses confessions. Si les chutes sont moins fréquentes ou moins importantes ou moins durables, il faut déjà s'en réjouir (même s'il ne faut pas s'en contenter). À bien y réfléchir, ce serait même un signe inquiétant si à chaque confession nous déclarions une multitude de péchés différents à chaque fois. Deux idées fortes donc à retenir : confiance en La Miséricorde Inépuisable de Dieu sur cette Terre et ferme volonté de ne plus pécher afin de plaire à Dieu.

votre vêtement ; car la mesure dont vous vous servez pour les autres servira de mesure aussi pour vous. » (Luc, 6).

À nous revient le commandement de l'attention à Dieu et de l'amour : « ²⁹ Écoute, Israël : Le Seigneur notre Dieu est l'unique Seigneur. ³⁰ Tu aimeras le Seigneur ton Dieu de tout ton cœur, de toute ton âme, de tout ton esprit et de toute ta force. ³¹ Et voici le second : Tu aimeras ton prochain comme toi-même. Il n'y a pas de commandement plus grand que ceux-là. » (Marc, 12).

Ainsi, **il faut toujours prononcer Le Nom de Jésus avec beaucoup d'amour et de respect. Prononcer Le Nom de Jésus n'est pas une garantie si on n'y adjoint pas l'amour et le désir de voir Jésus aimé et glorifié.**

Il existe encore d'autres cas de figure où Le Nom de Jésus n'est pas une garantie. Notre Seigneur avait prévenu qu'Il n'était pas venu porter la paix, mais bien plutôt la division. Non qu'Il recherchât cette division, mais parce que Le Saint Nom de Jésus ne laisse pas indifférent. Ce Nom Sacré trace une ligne de séparation entre deux camps inconciliables. Ainsi, Notre Seigneur qui est La Vérité devenue chair a-t-Il prévenu que : « ²¹ "Le frère livrera son frère à la mort, et le père son enfant ; les enfants se dresseront contre leurs parents et les feront mourir. ²² **Et vous serez haïs de tous à cause de Mon Nom, mais celui qui aura tenu bon jusqu'au bout, celui-là sera sauvé.** » (Matthieu, 10).

C'est spécialement au temps de la fin que la persécution sera la plus grande : « ⁷ Quand vous entendrez parler de guerres et de rumeurs de guerre, ne vous laissez pas effrayer ; il faut que cela arrive, mais ce ne sera pas encore la fin… ¹⁰ Il faut d'abord que l'Évangile soit proclamé à toutes les nations. ¹¹ "Et quand on vous emmènera pour vous livrer, ne vous préoccupez pas de ce que vous direz, mais dites ce qui vous sera donné sur le moment : car ce n'est pas vous qui parlerez, mais l'Esprit Saint. » (Marc, 13). Le temps précédant le Retour Glorieux du Christ sera donc un temps de grandes persécutions. Beaucoup souffriront pour Le Nom de Jésus et certains même mourront, mais le sacrifice de leur vie terrestre uni à Celui du Christ sera le prix de leur éternité bienheureuse, car il n'y a personne de plus juste et de plus équitable que Dieu : tous auront leur parfaite rétribution, les uns, la gloire éternelle, les autres le feu préparé pour Satan et ses partisans.

Oui, les dangers les plus grands viendront à la fin des temps :

« ¹ Sache bien, par ailleurs, que dans les derniers jours surviendront des moments difficiles. ² Les hommes en effet seront égoïstes, cupides, vantards, orgueilleux, diffamateurs, rebelles à leurs parents, ingrats, sacrilèges, ³ sans cœur, sans pitié, médisants, intempérants, intraitables, ennemis du bien, ⁴ délateurs, effrontés, aveuglés par l'orgueil, plus amis de la volupté que de Dieu, ⁵ ayant les apparences de la piété mais reniant ce qui en est la force. Ceux-là aussi, évite-les. ⁶ Ils sont bien du nombre, ceux qui s'introduisent dans les maisons et envoûtent des femmelettes chargées de péchés, entraînées par toutes sortes de passions et qui, ⁷ toujours à s'instruire, ne sont jamais capables de parvenir à la connaissance de la vérité. (2 Thimothée, 3). **La connaissance est une clef de la vie éternelle.** C'est pourquoi Dieu avait dit par son prophète Osée : « **⁴,⁶ Mon peuple est détruit, parce qu'il lui manque la connaissance. Puisque tu as rejeté la connaissance, Je te rejetterai...** ». Et que Jésus avait dit Lui-même à Ses apôtres : « **La vie éternelle, c'est qu'ils te connaissent, toi le seul vrai Dieu, et celui que tu as envoyé, Jésus Christ.** » (Jean 17,3).

Peut-on faire confiance à tous ceux qui invoquent Le nom de Jésus ?

Non malheureusement ! Il faut discerner. Notre Seigneur nous a montré en de nombreux endroits que la réponse n'est pas toujours oui ni toujours non. Ainsi, dans certains cas Jésus nous invite à une forme de confiance, comme dans ce récit de saint Luc : « [9,49] Jean prit la parole et dit : "Maître, nous avons vu quelqu'un expulser des démons en Ton Nom, et nous voulions l'empêcher, parce qu'il n'est pas avec nous." [50] Mais Jésus lui dit : "Ne l'en empêchez pas ; car qui n'est pas contre vous est pour vous." ».

Ce récit est important pour tous les évangélistes. Saint Marc le rapporte de cette manière : « [38] Jean lui dit : "Maître, nous avons vu quelqu'un expulser des démons en ton nom, quelqu'un qui ne nous suit pas, et nous voulions l'empêcher, parce qu'il ne nous suivait pas." [39] Mais Jésus dit : "Ne l'en empêchez pas, car il n'est personne qui puisse faire un miracle en invoquant mon nom et sitôt après parler mal de moi.[40] Qui n'est pas contre nous est pour nous. [41] "Quiconque vous donnera à boire un verre d'eau pour ce motif que vous êtes au Christ, en vérité, je vous le dis, il ne perdra pas sa récompense. » (Marc, 9). Dans un cas comme dans l'autre, on peut faire confiance à celui qui opère au nom de Jésus, même s'il n'est pas « avec nous ». Cependant ce n'est pas toujours le cas et Notre Seigneur nous avertit : « Méfiez-vous des faux prophètes qui viennent à vous déguisés en brebis, alors qu'au-dedans ce sont des loups voraces ». (Matthieu 7,15). Le Sauveur nous donne une première clef de discernement : **« C'est à leurs fruits que vous les reconnaîtrez. »** (Matthieu 7,16).

Un niveau plus subtil est atteint avec ceux dont les fruits sont bons (ou semblent bons) et qui pourtant ne sont pas agréés par Dieu, comme le prouve cette déclaration de Notre Seigneur : **« Ce n'est pas en me disant : *"Seigneur, Seigneur !"* qu'on entrera dans le royaume des Cieux, mais c'est en faisant la volonté de mon Père qui est aux cieux. »** (Matthieu 7, 21).

Invoquer Le Nom de Jésus ne fait donc pas tout ! Les miracles ne font pas tout ! Il faut chercher à faire La Volonté de Dieu, et souvent au lieu d'accomplir un miracle grandiose, il faut suivre Son Seigneur et passer par La Croix : « Il leur disait à tous : **Celui qui veut marcher à ma suite, qu'il renonce à lui-même, qu'il prenne sa croix chaque jour et qu'il Me suive.** » (Luc 9,23). Celui qui veut connaître Jésus passe du temps en Sa compagnie et Jésus en retour le reconnaît. Celui qui contemple perpétuellement Jésus et prie avec le cœur finit par devenir doux et humble de cœur à l'image de Son Seigneur (cf. Mt 11,29), comme ce fut le cas pour saint Jean qui de fils du Tonnerre au caractère fougueux (Marc 3,17) voulant faire tomber le feu du ciel pour consumer un village de Samaritains (Luc 9,54), en représailles à un affront fait au Maître, devint le chantre de L'Amour de Dieu, après avoir reposé sur Son Divin Cœur (cf. Jn 13,23).

Notre Seigneur aussi nous prévient de ces temps difficiles à venir où Le Nom de Jésus sera blasphémé. L'Imposteur, Celui qui se fera passer pour Jésus-Christ, se présentera : « [4] "Prenez garde qu'on ne vous abuse. [5] Car il en viendra beaucoup sous mon nom, qui diront : C'est moi le Christ, et ils abuseront bien des gens. » (Matthieu 24).

Et les deux autres évangélistes synoptiques disent de même :
- « [5] Jésus se mit à leur dire : "Prenez garde qu'on ne vous abuse. [6] Il en viendra beaucoup sous mon nom, qui diront : C'est moi, et ils abuseront bien des gens. » (Marc, 13).

- « [8] "Prenez garde de vous laisser abuser, car il en viendra beaucoup sous mon nom, qui diront : C'est moi ! et Le temps est tout proche. N'allez pas à leur suite. » (Luc, 21).

Alors, non, l'invocation du Saint Nom de Jésus ou du Christ par une personne n'est pas un critère suffisant pour lui faire une entière confiance. Nous devons avoir le discernement et être prudents. C'est l'invitation de Notre Seigneur : **« Voilà que je vous envoie comme des brebis au milieu des loups. Soyez donc prudents comme les serpents, simples comme les colombes.** » (Matthieu 10,16).

Annexes

Litanies du saint nom de Jésus

Seigneur, *ayez pitié de nous.*
Jésus-Christ, *ayez pitié de nous.*
Seigneur, *ayez pitié de nous.*
Jésus, *écoutez-nous.*
Jésus, *exaucez-nous.*

Père céleste, qui êtes Dieu, *ayez pitié de nous.*
Fils, Rédempteur du monde, qui êtes Dieu, *ayez pitié de nous.*
Esprit Saint, qui êtes Dieu, *ayez pitié de nous.*
Trinité Sainte, qui êtes un seul Dieu, *ayez pitié de nous.*

Jésus, Fils du Dieu vivant, *ayez pitié de nous.*
Jésus, splendeur du Père, *ayez pitié de nous.*
Jésus, éclat de la lumière éternelle, …
Jésus, Roi de gloire, …

Jésus, Soleil de justice, …
Jésus, Fils de la Vierge Marie, …
Jésus, aimable, …
Jésus, admirable, …

Jésus, Dieu fort, *ayez pitié de nous.*
Jésus, Père des siècles à venir,

Jésus, Ange du grand conseil,
Jésus, très puissant,

Jésus, très patient,
Jésus, très obéissant,
Jésus, doux et humble de cœur,
Jésus, qui aimez la chasteté,

Jésus, qui nous aimez,
Jésus, Dieu de la paix,
Jésus, auteur de la vie,
Jésus, modèle des Vertus,

Jésus, zélateur des âmes,
Jésus, notre Dieu,
Jésus, notre refuge,
Jésus, père des pauvres,

Jésus, trésor des fidèles,
Jésus, bon Pasteur,
Jésus, vraie lumière,
Jésus, sagesse éternelle,

Jésus, bonté infinie,
Jésus, notre voie et notre vie,
Jésus, joie des Anges,
Jésus, roi des Patriarches,

Jésus, maître des Apôtres,
Jésus, docteur des Évangélistes,
Jésus, force des martyrs,

Jésus, lumière des Confesseurs,

Jésus, pureté des Vierges,
Jésus, couronne de tous les saints,

Soyez-nous propice, *pardonnez-nous, Jésus*.
Soyez-nous propice, *exaucez-nous, Jésus*

De tout mal, *délivrez-nous, Jésus*.
De tout péché, *délivrez-nous, Jésus*.
De votre colère, *délivrez-nous, Jésus*.
Des embûches du démon, …

De l'esprit impur, *délivrez-nous, Jésus*
De la mort éternelle, …
Du mépris de vos inspirations, …
Par le mystère de votre sainte Incarnation…

Par votre naissance, *délivrez-nous, Jésus*
Par votre enfance, *délivrez-nous, Jésus*
Par votre vie toute divine, …
Par vos travaux, …

Par votre Agonie et votre Passion, *délivrez-nous, Jésus*
Par votre Croix et votre délaissement, …
Par vos langueurs, …

Par votre Mort et votre sépulture, *délivrez-nous, Jésus*
Par votre Résurrection,
Par votre Ascension,

Par votre institution de la très sainte Eucharistie, …
Par vos joies, *délivrez-nous, Jésus*
Par votre Gloire, *délivrez-nous, Jésus*

Agneau de Dieu, qui effacez les péchés du monde, *pardonnez-nous, Jésus*.
Agneau de Dieu, qui effacez les péchés du monde, *exaucez-nous, Jésus*.
Agneau de Dieu, qui effacez les péchés du monde, *ayez pitié de nous, Jésus*.
Jésus, *écoutez-nous*. Jésus, *exaucez-nous*.

Prions : Seigneur Jésus-Christ qui avez dit : « Demandez et vous recevrez, cherchez et vous trouverez, frappez, et il vous sera ouvert » ; nous vous en supplions, accordez à notre prière Votre Divin Amour afin que nous vous aimions de tout cœur, de parole et d'action, et que jamais nous ne cessions de vous louer. Donnez-nous, Seigneur, et l'amour et la crainte continuelle de Votre Saint Nom, puisque Votre Providence n'abandonne jamais ceux que Vous établissez solidement dans Votre Amour.
Par Jésus-Christ, Notre Seigneur. Ainsi soit-il

Prières à mon ange Gardien

« Seigneur, dans ta mystérieuse providence, tu envoies les anges nous garder ; daigne répondre à nos prières en nous assurant le bienfait de leur protection et la joie de vivre en leur compagnie pour toujours. Par Jésus Christ, ton Fils, notre Seigneur. Amen. » (Prière liturgique à nos Anges Gardiens du Missel Romain).

« Nous t'en supplions, Seigneur, visite cette maison, et repousse d'elle toutes les embûches de l'ennemi ; que tes saints anges viennent l'habiter pour nous garder dans la paix ; et que ta bénédiction demeure à jamais sur nous. Par Jésus le Christ, notre Seigneur. Amen. » (Prière de la Liturgie des Heures à nos Anges Gardiens aux Complies).

« Ange de Dieu qui êtes mon gardien par un bienfait de la divine providence, éclairez-moi, protégez-moi, dirigez-moi et gouvernez-moi. Ainsi soit-il. » (Saint Vincent Ferrier).